珍藏本
纪念版

汉译世界学术名著丛书

经济哲学

〔英〕琼·罗宾逊 著

安佳 译

商务印书馆
SINCE1897 The Commercial Press

2017年·北京

Joan Robinson

ECONOMIC PHILOSOPHY

本书根据 Aldine Transaction 出版公司 2009 年英文版译出

汉译世界学术名著丛书
(120年纪念版·珍藏本)
出 版 说 明

2017年2月11日,商务印书馆迎来120岁的生日。120年前,商务印书馆前贤怀揣文化救国的理想,抱持"昌明教育,开启民智"的使命,立足本土,放眼寰宇,以出版为津梁,沟通中西,为中国、为世界提供最富智慧的思想文化成果。无论世事白云苍狗,潮流左右激荡,甚至战火硝烟弥漫,始终践行学术报国之志,无改初心。

迻译世界各国学术名著,即其一端。早在20世纪初年便出版《原富》《天演论》等影响至今的代表性著作,1950年代后更致力于外国哲学和社会科学经典的译介,及至1980年代,辑为"汉译世界学术名著丛书",汇涓为流,蔚为大观。丛书自1981年开始出版,历时三十余年,迄今已推出七百种,是我国现代出版史上规模最大、最为重要的学术翻译工程。

丛书所选之书,立场观点不囿于一派,学科领域不限于一门,皆为文明开启以来,各时代、各国家、各民族的思想与文化精粹,代表着人类已经到达过的精神境界。丛书系统译介世界学术经典,引领时代思想，为本土原创学术的发展提供丰富的文化滋养，为推动中国现代学术和现代化进程做出了突出的贡献。

为纪念商务印书馆成立120周年，我们整体推出“汉译世界学术名著丛书”120年纪念版的珍藏本，寄望既利于文化积累，又便于研读查考，同时向长期支持丛书出版的译者、编者和读者致以敬意。

两甲子后的今天，商务印书馆又站在了一个新的历史时间节点上。我们不仅要铭记先辈的身影和足迹，更须让我们的步伐充满新的时代精神。这是商务人代代相传的事业，更是与国家和民族的命运始终紧密相连的事业。我们责无旁贷，必须做好我们这代人的传承与创造，让我们的努力和成果不仅凝聚成民族文化的记忆，还能成为后来人可以接续的事业。唯此，才能不负前贤，无愧来者。

商务印书馆编辑部

2017年10月

目　　录

一　形而上学、道德和科学 1

现代生活让人如此不安的一个原因是，我们对通常司空见惯之事日渐有了自我意识。以前，人们相信他们相信的事物，因为他们相信，这些事物是真实的事物，或者，这些事物是被所有头脑健全之人认为是真实的事物。然而，自从弗洛伊德向我们揭示了我们的理性化倾向，马克思向我们指出了我们的思想源自于意识形态之后，我们便开始问：我为什么要相信我所相信的事物？我们提出此类问题这一事实，意味着我们认为我们可以找到一个答案，但即使我们能从一个方面回答此类问题，另一方面的问题依然存在：即是什么使我有了这种想法？我为什么要相信自己的这种想法？所以我们仍然如堕五里雾中。真理不再真实，恶魔也不再邪恶。“一切都取决于你的看法。”但这使得生活无法过下去了，我们必须找到解决办法。

“朝前向后同样远，里外道路一般窄。”

“你是谁？”

“我是我自己。你能这么说吗？”

“你是谁？”

"伟大的勃格*……请绕道行，绕道行。"①

我们必须绕道寻找我们的信仰之根。在形成意识形态的全部观念和看法中，那些涉及经济生活的观念和看法所起的作用很大，而一直以来，经济学本身（大学和夜校的课程以及重头文章的主题）就部分是各个时期主流意识形态的载体，部分是科学研究的方法。

2

1

我们如何辨别意识形态与科学呢？

首先，我们必须用定义来明确我们所指的对象的涵义。重要的是避免将逻辑定义混同于自然史的范畴。一个点可以定义为具有某种位置但不具有范围的东西。很显然，人们还没能看到点。点只能是一个逻辑的抽象。然而，我们如何定义一头大象呢？具有正确思维的人会说：我无法定义一头大象，但当我看见大象的时候，我就知道那是一头大象。

意识形态更像大象而不像一个点。意识形态是某种存在，我们可以对它进行描述，进行讨论和争论。解决争论并不用求助于逻辑定义，我们需要的不是定义而是准则。大象显然是一个很好的例子，但我们还可以另举一例，即逻辑学家喜欢使用的天鹅。如果"天鹅"一词是用来描述相对于其他鸟类而言一种外表呈白色的

---

* 勃格（Bogy）是北欧神话中的一个隐身小妖。——译注

① 易卜生：《培尔·金特》，第2幕，第7场。

鸟，那么澳大利亚的那些黑天鹅就必须使用其他名字了。但如果判定天鹅的标准是解剖学意义上的标准，而不是上文提及的颜色标准，那么，黑天鹅和白天鹅都属同一种属。所有的争论都是关于如何建立种属，而不是关于这一生物的。天鹅就是天鹅，但我们却想给天鹅归类。

那么，与科学命题相对的意识形态命题的标准是什么呢？首先，如果用逻辑的方式来讨论意识形态命题，那么，这种讨论要么转变为毫无意义的讨论，要么则变成一种循环论证。我们以人人平等(equal)这一命题为例。从逻辑的观点看，这是什么意思呢？"平等"一词可以用在数量上。什么——所有的人都体重相同？或者说，所有的人在智力测试中都得分相同？或者——我们把数量的意思往外延伸一下——我认为他们都同等惬意？说"平等"而不说哪个方面的平等，就只能是一种喧嚷。在这个例子里，平等只是某一方面的平等。每一个人都同样平等。

形而上学命题的特点是无法对其进行检验。如果这个世界不 3
真实，我们就无法确定这个世界在哪一方面与众不同。除非我们对其具有不同的看法，否则这个世界就是千篇一律的。由于形而上学可以颠来倒去、滔滔不绝地谈论每一个问题，所以从来不能证明它是错的，当然它也按自己主张的定义表明自己的真实性。形而上学声称要讨论实际生活，但我们从它那里却一无所获。如果我们采用波普教授[①]关于经验科学命题的标准，它们可能通过证据被证伪，所以不是科学的命题。

① 见卡尔·波普:《科学发现的逻辑》。

但形而上学的陈述也并不是没有内容。它们表达了一种观点，系统阐述了左右人的行为的情感。“人人平等”这个口号，就表达了对与生俱来的特权的抗议。在一个人人平等的社会里，没有人会想到要说这样的话。它表达的是针对私人生活的一种道德标准，即对阶层或肤色持势利态度是不对的；它也表达了一种政治生活方案，即应该创建一个所有人具有同等权利的社会，而拒绝接受一个某些人凌驾于另一些人之上的社会。

形而上学命题也提供了一个可以据之提出假说的源泉。这一源泉并不属于科学王国，却是科学王国所不可或缺的。没有这一源泉，我们将不知道我们想要知道的事情是什么。也许，这种状况在体面的科学中会有不同，但就心理问题和社会问题的探究而言，形而上学一直起着重要的，也许是不可或缺的作用。

还以“人人平等”口号为例，这一口号提供了一个研究方案。它可以让我们搞明白阶层或肤色是否与天赋能力的统计分布相关联。这不是一个容易完成的任务，因为意识形态已经深深渗透入
4 我们打算研究的材料。能力是什么？我们如何才能设计出一种方法，将天生的能力和环境因素区分开来呢？我们应该尽全力清除答案中的意识形态，但关键在于，没有了意识形态，我们将无法思考问题。

2

无论是否可以把意识形态从社会科学的思维范畴内消除掉，意识形态在社会生活的行为范畴内确实不可或缺。在一个社会

中，除非社会成员对为人处世有共同的看法，否则这个社会就不可能存在，而这些共同看法就是以意识形态表现出来。

从进化的观点看，认为意识形态可以替代本能似乎有些似是而非。动物似乎知道该做什么，但我们却必须有人教我们该做什么。由于适当的行为的标准极易受到外界影响，且不会通过基因传递，所以在不同的社会里有不同的表达形式，但某些道德标准却是每个社会性动物的必有准则。

提出道德的生物学必要性是因为，就物种的生存而言，任何动物都一定有某种程度的自私自利性——一方面有为自己获取食物并捍卫自己生计的强烈欲望，以及将这种自私欲望爱屋及乌地扩展到家族身上——因之也会为了自己的伴侣和孩子的利益而斗争的欲望。另一方面，除非这种逐利行为因为对他人的尊重和同情而有所减轻，否则就不可能有社会生活。一个绝对自私的社会将会分崩离析；完全利他的个体不久也会饿死。虽然这两种截然相反的趋势之间存在冲突，但每种趋势都有存在的必要，所以必须有一套使它们并行不悖的规则。此外，还必须有某种机制可以使个人在他人利益与自己的眼前利益发生冲突时，遵守这些规则。

亚当·斯密则从同情心中引申出道德： 5

> 无论人们会认为某人怎样自私，这个人的天赋中总是明显地存在着这样一些本性，这些本性使他关心别人的命运，把别人的幸福看成是自己的事情，虽然他除了看到别人幸福而感到高兴外，一无所得。这种本性就是怜悯或同情，就是当我们看到或设身处地想到他人的不幸遭遇时所产生的情感。我

> 们常为他人的悲哀而感伤，这是显而易见的事实，不需要用什么实例来证明。这种情感同人性中所有其他的原始感情一样，绝不只是品行高尚的人才具备，虽然品行高尚的人在这方面的感受可能最敏锐。最大的恶棍，严重违反社会法律的人，也不会全然丧失同情心。①

上述说法就其本身而言没有错，但并不能涵盖所有领域。一旦面临冲突，我会以牺牲你为代价来保护自己——同情心并不足以阻止我这样做。利他情感当然可以强到激发母亲为了保护孩子而牺牲自己的生命，但在其他任何情况下，这种利他情感都不可信赖。

由于自私的动力强于利他的动力，所以利他的要求就只能强加在我们头上。强加于我们的机制就是道德观念或个人良心。我们可以举出一个经济领域的例子，即考虑一下对他人财产的尊重。偷窃就其本身而论并不像伤天害理的行为那么严重。我们对这种行为并不如我们对残暴行为或卑鄙行为那样产生本能的厌恶——除非这一行为意味着残暴和卑鄙——富人抢劫穷人。如果情况正好相反，我们可能还会为此高兴。在我们读到那些扮演罗宾汉的强盗或劫匪最终被警察抓获时，我们的同情心并不是毫无保留地站在警察一边。然而，缺乏诚信却是一个社会特别烦人之事。这会付出代价，并让人彻底厌烦——就像每个人都讨厌小偷一样；如
6 果小偷之间丧失了诚信，就连偷窃都没办法进行了。

如果缺乏对财产的尊重，想要有个合理的生活水平实际上都

① 亚当·斯密：《道德情操论》，第1卷，第1—2页。

不可能做到。甚至最简单的投资——为来年的收获进行的耕作——在人们无法掌控收获时节的收获物时，也不值得去做。如果强制实施某种程度的惩罚，不仅代价过高，而且没有效果，反而容易遭到反击。诚实非常廉价。但我们注意到，**他人**的诚实是使**我**安心的必要条件。如果除我之外人人诚实，我就处于一个非常幸运的境地。每个人都必须服从所有人的利益引发了对道德的需要。正如约翰逊博士所说：

> 社会的幸福有赖于美德。在斯巴达，小偷行窃是得到准许的行为，因此，在**斯巴达**，盗窃不算犯罪，但另一方面社会就失去了保障。如果一个社会没有保障，生活在这个社会的人过的是一种什么样的生活。没有真理的社会一定会消亡。事实上，由于基本不存在真理，所以我们几乎都无法相信自己的耳朵，但如果谬误重复十次我们应该怎么办呢？①

正因为偷盗行为不会引起任何强烈的本能憎恶，所以才必须教人尊重他人的财产权。这是一种可以使社会生活正常运行的专门需要。举一个乌鸦的例子。乌鸦聚在一起筑巢，而且每年春天鸦巢都必须重新修筑或是新建。这种行为无论是出于本能还是有别的原因，乌鸦总是会为了获得筑巢的材料而外出寻找树枝。很显然，它们具有某种有效劳作的天性——很轻松就能获得最好的树枝——否则它们永远无法完成筑巢工作。同样明显的是，那些能

① 鲍斯韦尔：《约翰逊博士传》，第 2 卷，第 298 页。

最轻松得到的最好的树枝是已经存在于鸟巢中的树枝。那么，是
什么阻止它们相互盗窃呢？如果每只乌鸦都依赖于其他乌鸦取得
7 树枝，乌鸦肯定无法群聚。这并不是说乌鸦天生就讨厌二手树枝，
对乌鸦来说，它们愿意使用掉落的树枝作为建筑材料。有些观察家认为，偷盗行为只是偶然发生，而且是在一个小偷受到其他骗子的骚扰，并且将他赶走之后的事情[①]。我们的目的并不是搞清楚小偷是否具有犯罪感而其他人是否具有正义感(虽然我们完全有理由这样做，因为鸟类的情感生活似乎与我们非常相像)。关键不是不考虑乌鸦或骗子的主观感受，关键在于相同的专门环境——社会生活和个人财产——引发的相同结果：道德规范要用惩罚来支撑。

我们不清楚乌鸦是否有良心，但我们知道人类有良心。与发展出一套社会类型的本能不同，男人与女人的良心带有不同的特征，因此使不同类型的社会得以蓬勃发展。就像人类具有学习说话的倾向一样，健康人的大脑结构中也存在着产生道德良心的天性。让声音带有意义并在恰当的语境中发出声音是与生俱来的一种能力，这种能力在生命的头几年中发展得非常快，以后就不那么容易发展了。人与人之间的这种能力很不相同，有时候有的人根本没有这种能力。这种能力在大脑中有一个具体的位置，人脑受伤之后就有可能失去这种能力。有时候在受伤之后也可能对大脑进行康复训练(包括某种器官移植)，以便重新获得已经失去的认

① G. K. 耶茨先生质疑这种说法，但他把骚扰归为一个更惊人的现象，即邻居成了奸夫的现象。《乌鸦的生活》，第 31 页和 38 页。

知语词的能力。很显然，不同的人种都存在极其相同的学习语言的倾向，但学习何种语言却取决于孩子生长于其中的具体社会。

所有这些都适用于道德感，或者适用于发展良知的倾向。良
心是慢慢发展起来的（在开始说话的一两年之后），有些弱智人士 8
可能没有道德心，有些人会在大脑受伤后失去道德心，但这种情况有时也可以通过康复训练使大脑恢复功能。良心的内涵就像需要学习的具体语言一样，取决于个人生长于其中的社会。

有些人憎恶道德具有物质基础，而且产生于生物需求的说法，似乎将人类本性中最高贵的方面贬低到了动物的水平。这种说法好像不太合理。我们所有的人都一致认为，母爱崇高且值得赞美。（就算是震惊于自己对人类本性之发现的弗洛伊德，也说女性对孩子的爱是所有情感中最纯洁的情感[①]。）但没有人能够否认母爱是一种生物功能，或者说，是我们与动物共同拥有的一种情感。（不过也有例外，比如说刺鱼。刺鱼似乎是由公鱼照管小鱼，而且公鱼只是悉心照顾着小鱼，而母鱼则纯粹只是担任生殖任务，生殖完成后就像其他物种中的雄性一样，享受着自己无忧无虑的生活。自然界也像人类社会一样，会为同样的专门问题找到各式各样的解决方法。）

促进良心成长的生物机制似乎是通过我们的情感禀赋来运行的。

> 造物主，当她为社会造人时，就赋予人类某种愉悦同胞和

---

① 弗洛伊德：《精神分析引论新编》，W. S. H. Sprott 英译，第 171—172 页。

> 厌于冒犯其同胞的原始感情。她教导人在受同胞的赞扬时感到愉快而在被同胞反对时感到痛苦。她由此而把同胞的赞同变成对人来说是最满意和愉快的事，并把同胞的不赞同变成最羞辱和难堪的事。①

孩子的良心是通过了解其他家庭成员对事物采取的赞成或不赞成
9 之态度才形成的，但良心的形成是一种内在过程，慢慢地才成为一种想让亚当·斯密所谓的“内心那个人”②赞成的欲望。私下感到羞愧无疑比被人公开揭发要好受很多，但私下的羞愧之心仍然让人感到痛苦。

羞耻感是天生的，而且非常普遍，但引发了人的羞耻感的主要原因取决于习惯。这就像道路的规则一样，上路必须要有规则，但在某些国家“行人靠左”，在某些国家“行人靠右”。

晚近以来，在多数社会中，道德是通过宗教才得以传播的。将社会中的不同个人塑造成一种和谐的模式绝不是一件轻松的事情。但宗教是一种有用的方式；宗教既可以增强人们去做他自己认为正确之事的愿望，也可以向人们灌输什么是正确之事。宗教之所以能发挥这种作用，部分是因为宗教告诉我们，如果你抛弃了道德，经营或醉心于自利的伤天害理之事，你将会受到惩罚，而且部分还因为，宗教还让人们担心自己所做之事受到上帝的反对，因此私下的羞愧之心会一览无余地暴露在一双时时盯住你的眼睛之

① 亚当·斯密：《道德情操论》，第 1 卷，第 276 页。

② 同上书，第 304 页。

前;同时,宗教还会增强并让你决心拥有“连最大的恶棍……都不能一点没有的善心”。

许多通过宗教明了道德之人真的相信,除了避免上帝发怒之外,并不存在其他想做好事的动机:*Si dieu n' existe pas, tout est perunit*[如果没有上帝,一切都是允许的]。如果上帝不存在,万事百无禁忌。实际上这就是人们所说过的最为荒唐的事情。就算不相信上帝,也并不意味着你就可以安全地在伦敦沿右侧驾车或是在巴黎沿左侧行驶。它也并不意味着,诚实的人就不怎么讨厌小偷,或是一个受到小偷干扰的社会就不会花费较大的代价去控制这帮蟊贼。如果一个人不再信仰上帝之后,他的良心也随之消失,那么,这个人在年轻时就没能很好地建立起道德观,他仍然处 10
于需要他人赞同自己行为的未成熟阶段,他仍然没能成长为一个具有对错观的成人。

今天,宗教组织的支持者受人推崇的一种说法是,必须提倡良好的行为规范和社会和谐。宗教的衰落被归咎于大量的犯罪、家庭破裂以及困扰现代社会的冲突和敌意。回归教堂将回归良好秩序。那些这样提出问题的人都不自觉地支持上述观点。道德本身是可取的,值得尊重的,向我们推荐宗教是因为宗教支持道德,而不是因为道德源自于宗教。

另一方面,那些没有宗教信仰的人常常倾向于把道德情感追溯到理性。最为普遍的一种说法是,每个人都必须正确行事,因为如果行事错误,其他人也会同样行事错误。这种观念的基础其实非常混乱。这种混乱源于战时的宣传口号:“战争取决于你。”当局者当然非常希望我们每个人相信这一口号并按此行为。但情况并不是这样。任何一个个人作为个体并没有什么大的影响力。当然，如果个人的例子有影响力，个人就具有他的影响所带来的影响力，但这个口号并没有专门针对有影响力的人。这个口号要应用于大街上那些一个接一个的行人身上。

以表决为例。一个小型委员会可能碰巧有一次表决，这样对我而言，唯一肯定的就是会去出席这次会议，因为在这次会议上将讨论碰巧我关心的决议。但假如我居住在一个安全的选区内，我为什么要参加普选呢？一次选举几乎不会对任何事情产生影响。“哎，如果每个人都这样想，民主就会瓦解。”事情的确如此，但我不是每个人，我只是我自己。没有我其他人也会去投票。“这样说话真让人震惊！”是的，这才是关键。每个人都应该认为参与投票是
11 自己的责任，任何理由都不能说服他不去投票。因为这件事是对的，所以他一定认为这件事是对的。

或者我们再以乌鸦为例。如果一只乌鸦从另一个鸦巢里偷走了一根树枝，仅此一次，这一体系不会崩溃。如果别的乌鸦看见了它的行为，但没有对它进行攻击，这个体系的标准将会降低，但如果它的行为没被发现呢？它这样做会有什么危害呢？除非它没有做，否则没有任何理由不去做。

更多成熟的社会制度都希望从进化的发展方向推导出道德，但这样并不能让人信服。如果我说：“别管什么进化吧；我要按自己的意愿行事，”除非你受到我的责任感的感召，否则你怎么能回答我的问题呢？当然，进化说明我也有一个进化过程，但如果进化赋予我的不仅仅是一种责任感，而且还让我明白我的责任是什么，也就没必要还要有一个关于进化的理论了。

上述讨论的结果是，道德情感不是来自神学，也非来自理性。道德情感就像我们学习语言的能力一样，是我们禀赋之外的独立部分。

如果这种说法成立，道德情感之内涵这个问题仍然没有解决。所有关于伦理的哲学体系都试图对道德情感作出合理解释：不是对我们是否有这种情感的事实进行解释，而是就何种行为准则取决于道德情感进行解释。

凯恩斯受摩尔的伦理学体系中“应当通过因果联系在未来的岁月中创造出最大可能的善”[①]之影响，对概率论进行了研究。这是一个与概率的计算极为相关的研究。但是，即使凯恩斯的概率理论非常正确，但也没能为指导日常生活提供一个方便手册。

其他合理的伦理学体系可能少些空想，但也好不到哪里。布
雷思韦特教授指出了科学规律体系和伦理学原理体系之间的区 12
别：

> 鸣呼，这两个体系之间存在逻辑的差别：科学层级步步往上，其命题越来越强，因此我们的讨论也越来越多；在上升层级结束的阶段，其命题会越来越弱，因此我们的讨论也越来越少……这个问题的提出是基于这样一个事实，即低层级的科学规律是高层级解释的逻辑结果，反过来说，我们探讨的大目标B，是探讨小目标A的逻辑结果（也就是说，A可以归入B，意即探讨A就是探讨B）。所以随着层级的上升，目标的内

① 凯恩斯：《两篇回忆》，第97页。

> 容增加了，但失去了明确的界线……这就说明了某种费解之处，即我们许多人发现，伟大的道德哲学家提出的某些概念就是终极目标，比如亚里士多德的幸福（*eudaimonia*）或穆勒的“幸福”。我们很容易就能针对这些概念给出正面和负面的例子，但概念本身似乎难以理解——几乎与《伦理学原理》中描述不清的“善”一样难以理解。他们把事情弄得这么复杂，以至于失去了所有可认知的内容。①

理性也无助于对此进行解释。通过教育灌输给我们每个人的道德体系并不是源自任何理性原则（哪怕叛逆者也受到他所叛逆事物的影响）；那些把道德体系传播给我们的人也很少能够对它作出合理的解释，或者切切实实对其进行系统而明确的阐述。就像他们把自己学到的语言传给我们一样，他们用同样的方式将社会教给他们的道德传给了我们。

相比较而言，不同的社会道德准则的内容虽然有很大的不同，但并不像它们各自的语言那样截然不同。

《哈姆雷特》的道德观通常被认为是基督徒和异教民族道德观
13 的杂烩，也有人认为，是莎士比亚对那些整天忙于世间生意但又葆有光荣复仇使命的人的观念提出的富有想象力的洞察。严格意义上的复仇要求使用一种能使敌人下地狱的方式杀死敌人。神学或许有些幼稚，但伦理体系却极其简单，还没有受到基督教情感的污

① R. B. Braithwaite, “Moral Principles and Inductive Policies”, *Proceedings of the British Academy*, 1950, Last Page.

染。

或者，我们还可以举出一个与经济行为更紧密相关的例子来说明问题，比如说宗教暗杀团体黑镖客（Thug）。黑镖客是从穆斯林和印度教分裂出来的一个教派，这是一伙宗教狂热分子，信奉印度教的迦梨女神，而且以一种特定的宗教方式绞杀旅行者，其成员遵照一种特殊规则瓜分旅行者的物品。他们的原则是不杀女人，一旦有同伙因为害怕留下证人而违反了这一原则，迦梨就会抛弃他们，英属印度的警察也会找出他们。

任何一种经济体系都需要有一套准则和意识形态以便证明经济体系的正确性，还要个人有努力贯彻落实这套准则的良心。

这些例子不仅让我们想到可以采用的形塑人类良心的各种方式，而且还表明了另一个关键点，即我们可以对道德体系做出道德评价。《哈姆雷特》或许就是一个可供商榷的例子，但我们这里只讨论黑镖客。我们可能会赞赏黑镖客的行为准则以及解决问题的方式和黑镖客成员的虔诚，但我们并不赞成将这种杀人越货的行为视为一种经济体系。亲爱的读者，或许你会说你不认同这种说法，你对社会的态度从道德上看是中立的，因此任何伦理学体系和另一种伦理学体系基本上没有什么不同。然而事实真的如此吗？你敢肯定你真的赞成黑镖客的道德体系？

头脑简单的人相信自己知道对错之间的区别，所以他会认为他自己的那种伦理模式就是唯一可行的模式（如果他的意识形态来自于宗教信仰，那就更是如此了）。老于世故的人则认可存在各 14
种伦理体系，并用相对性观点来看待道德问题。但不管怎样，我们相信相对主义也具有某种绝对性。我们也承认存在某种我们共同拥有的基本道德情感。与残暴相比，我们肯定更喜欢善良；与冲突相比，我们更喜欢和睦。我们欣赏胆识，尊崇公正。我们认为那些天生就没有这种情感的人是精神病患者，那种培养自己的社会成员毁坏自己社会的社会是病态社会。假装我们可以思考或谈论人类问题而不夹杂伦理价值的做法不太合适。

或许冈纳·缪尔达尔(作为经济学家)谈到“我们的概念承载了价值”,“除非给出政治评价，否则无法进行定义”[①]时过于笼统了。经济学术语有时确实似是而非。更大接近于更棒，平等接近于公平，货物(goods)听起来是好处(good),失衡像是在说不舒服，剥削是邪恶的，而低于正常水平的利润，听起来很糟糕。不管怎样，给定某种经济制度，我们就能以一种客观的方式，毫不走样地描述这种经济制度运行的技术特征。但是，如果没有悄悄介入的道德评价，我们就不可能对一种制度进行描述。比如说，我们从制度外部对制度进行观察意味着这个制度不是唯一可能存在的制度，在对这一制度进行描述的时候，我们(大鸣大放地或默默地)将其与其他现实的或想象的制度进行比较。差异意味着选择，选择意味着评判。我们不能不做评判，我们所做的评判源自已经深深浸入我们的人生观并且在某种程度上已经印在我们脑海中的伦理预设。我们无法逃避我们自己的思维习惯。勃格(Boyg)阻挡了道路，但我们可以绕行。我们可以弄明白我们看重的东西，也可以试着弄明白看重的原因。

15 宗教对我们的经济意识形态似乎并没有太大影响。18 世纪

① 缪尔达尔：《国际经济学》(*An International Economy*),第 337 页。

的牧师阅读福音书"有钱财的人进神的国是何等地难"时，他听到自己低声咕哝"这当然都是在胡说八道"，可能并不是真话，但确实就是如此。

《蜜蜂的寓言》对虔诚与经济学之间的冲突进行了讽刺，约翰逊博士说，每个年轻人都摈弃了一种错误的信念，即认为这是一本坏书(亚当·斯密将该书归为放纵堕落的体系)。蜜蜂有一天受到美德的冲击，因此弃绝浮华和自大，过上了一种节俭、适度的朴素生活。结果是一种让人敬畏的衰落。

在他们处于繁盛状态时：

> 贪婪，这个衍生出邪恶的根基，
> 这该诅咒的劣根的天生恶德，
> 乃是那些挥霍者的仆从奴隶，
> 贪婪是一种高贵的罪孽；而奢侈
> 也在支配着上百万穷苦之士，
> 可恶的骄傲则主宰着更多人，
> 皆因为嫉妒和虚荣本身
> 均为激励勤勉奋斗的传道人；
> 他们那种可爱的愚蠢和无常，
> 见诸饮食、家具和服装，
> 那恶德虽说是格外荒唐万分，
> 却在推动着贸易的车轮前进。[①]

① 曼德维尔：《蜜蜂的寓言》(*The Fable of the Bees*)，第1卷，第25、34页。

在他们转向美德之后：

骄傲和奢侈已经日渐减少，
蜂群便不再到大海上飘摇。
不单是商号，而且所有公司，
现已将手工作坊全部关闭，
各行各业无不弃绝扯谎，
而那种毁灭了勤勉的满足，
则使蜂群赞美简朴的器具，
不寻觅也不贪图更多的东西。[①]

16 凯恩斯用有效需求理论对曼德维尔《蜜蜂的寓言》所作的解释某种程度上有点勉强。[②] 很显然，正是富人的奢侈生活才使穷人有了就业的机会。像曼德维尔时代的英格兰那种欠发达国家，农业中有大量的劳动后备军可以转型为仆人和手工艺人，从奢侈开销中获得生计。这是约翰逊博士非常偏爱的一个话题（约翰逊博士完全赞成曼德维尔德的经济思想，但不同意他那种“修道士的道德观”）。

你在奢侈上花钱就是为穷人做好事。唔，你把钱花在奢

① 曼德维尔：《蜜蜂的寓言》(*The Fable of the Bees*)，第1卷，第34页。
② 凯恩斯：《通论》，第23章，第7节。

侈上比把钱施舍给穷人对穷人来说要更好，因为你在奢侈上花钱就等于让钱在工业中发挥作用，而把钱施舍出去，工厂就会无事可做。事实上我承认，虽然把钱花在这两方面都值得引以为傲，但把钱拿出来直接作慈善比把钱花在奢侈上可能更高尚一些。①

而且

很多错误的事情也通过书本传来传去并因此让世人信以为真。其中一件就是大声疾呼奢侈的害处。其实真相是，奢侈会带来更多的善。以伦敦建筑的奢华为例。伦敦吃住行的方便和讲究不就是一种真正的好处吗？这一切不都是勤劳所致吗？但人们会满脸忧郁地告诉你，有多少建筑工人住在鸽子笼里。他们住鸽子笼的原因非常简单，不是因为缺房子，而是因为房租降不下来。一盘新鲜豌豆就要半个畿尼。种豌豆要花多少工夫？有多少劳动者得早早等在劳务市场竞争这样的差事？你会听到人们表情严肃地说，“为什么不把花在奢侈上的半个畿尼给了穷人？你花了多少钱享用这顿大餐？”唉！为什么不把钱付给勤勉的穷人，帮助**勤勉的**穷人不是好过帮助**游手好闲的**穷人吗？当你把钱作为劳动报酬**付给**那些勤劳
工作的人，而不只是拿钱做慈善，你会更加确信自己是在做善 17
事。假如古代的奢侈大餐孔雀脑在现代又兴盛起来，有多少

① 鲍斯韦尔：《约翰逊博士传》，第2卷，第298页。

> 孔雀肉会以便宜的价格给与穷人呢？至于说到那些为奢侈者举行的飨宴，它对某些国民在忍受痛苦的国家来说无关紧要。一旦这么多生产耗费都成了奢侈的结果，这个国家就不会在意有债务人住在鸽子笼中，而且不会在意他们的债权人也住在鸽子笼中。①

曼德维尔的看法并不是要确立一种经济观，他只是自然而然地用它来揭示那些声称自己是基督徒并将财富和国家荣耀看得高于一切的那些人的双重标准。

他用散文形式对《蜜蜂的寓言》进行了补充：

> 我说，没有恶德，任何社会都无法变得富强，都无法获得现世的最大光荣，这并不是说我要人们去作恶妄为。同样，我说这样的财富和辉煌下，若没有足够的过分自私者与争讼者，便无法维持法律这个行当，这也不是说我要人们动辄争吵，心地贪婪。②

同时，他又以伊壁鸠鲁派的名义来提出异议：

> 他会引用尊敬的沙夫茨伯里爵爷的话来反驳我，告诉我说，人们不自我克制，也能得到美德，也能和蔼友善；使美德变

① 鲍斯韦尔：《约翰逊博士传》，第133－134页。

② 《曼德维尔全集》，第231页。

得无法企及，乃是对美德的冒犯；我将美德说成了妖怪，使人们因以为它无法实行而知难而退；不过，至于他，他能于赞美上帝的同时，怀着善心享用上帝创造的生灵。

最后，他会问我：一国的立法者与智者在极力阻止渎神和败德行为、为上帝争光的同时，是否公开承认自己心中毫不在意臣民所看重的安逸和快乐，毫不在意财富、权力、荣誉以及其他所有被叫做国家的真正利益的东西；不仅如此，我们的神职人员中最虔诚、最渊博的人，最关心的是否就是让我们皈依 18
宗教？他们恳求神不但将我们的心、而且将他们自己的心摆脱现世欲望及一切肉欲，而在同一次高声祷告中，他们是否也恳求神将一切现世祝福与世俗幸福倾洒给他们所属的那个王国？……

说到最后两个问题，我承认的确很令人困惑：对伊壁鸠鲁主义者的问题，我不得不作出肯定的回答；除非我打算指责国王、主教及所有立法者的诚心（上帝禁止如此！），否则，伊壁鸠鲁主义者的见解便完全能反驳我的见解。我只能为自己辩护说：综合全部现实来看，人类智力当中尚存在着某种神秘的性质，为使读者相信我并没有回避问题，我将用下面的寓言来阐明这种神秘性质是无法理解的。[①]

亚当·斯密不赞成这种观点，他对曼德维尔尖锐讽刺的回答

① 《曼德维尔全集》，第234—235页。

很是单调乏味而且站不住脚：[①]

这就是曼德维尔博士那本书的大谬所在。他就这样把每样东西都说成是虚荣心，即关系到他人的情感是什么或者他人的情感应当是什么的那种虚荣心；依靠这种诡辩，他做出了自己最喜爱的结论：个人劣行即公共利益。如果对于富丽豪华的喜欢，对于优雅的艺术和人类生活中一切先进东西的爱好，对服装、家具或扈从、对建筑物、雕塑、图画和音乐的爱好，都被说成是奢侈、淫逸和出风头，甚至对情况许可他们无所不便地纵容上述激情的那些人来说也是如此，那么，这种奢侈、淫逸和出风头必然是对公众有利的。因为，如果没有这些品质——他认为可以适当地给这些品质套上这种可耻的称谓——优雅艺术就绝不会得到鼓励，并必然因为派不上用场而枯萎凋零。在他的时代之前流行的、认为美德是人们全部激情的彻底根绝和消除这样一些流行的禁欲学说，是这种放纵堕落的体系的真正基础。曼德维尔博士很容易就论证了：第一，实际上人们从未完全征服自己的激情；第二，如果人们
19 普遍做到了这一点，那么，这对社会是有害的，因为这将葬送一切产业和商业，并且在某种意义上会葬送人类生活中的一切行业。通过这两个命题中的第一个命题，他似乎证明了真正的美德并不存在，而且也证明了，自以为是美德的东西，只是一种对于人类的欺诈和哄骗；通过第二个命题，似乎证明了

① 亚当·斯密：《道德情操论》，第2卷，第302—303页。

个人劣行即公共利益，因为如果没有这种个人劣行，就没有一个社会能够繁荣或兴旺。

尽管如此，他承认其中也存在某些东西：

但是，无论这个体系显得多么有害，如果它不在某些方面接近真理，它就绝不能欺骗那么多的人，也绝不会在信奉更好的体系的人们中间引起那么普遍的恐慌。①

事实上，从来没有人对曼德维尔的提问给出过答案。两百多年之后，凯恩斯忧虑的也正是这种畸形的道德：

在欧洲，或者至少在欧洲的某些部分——依我看来，美国似乎不在内——对于我们在这方面所做到的，相当普遍地存在着一种隐藏的反感。有些人认为，在我们事务的安排中，借助于金钱动机应当越少越好，而不是越多越好。这样的见解，也许不一定完全是出于推论的结果，而是以经验对照为依据。不同的个人，由于所选择的职业不同，金钱动机在他们的日常生活中会发挥着或大或小的作用。历史学家会告诉我们，在社会组织的其他阶段，这一动机所起的作用，比现在所起的作用要小得多。至少可以说，多数宗教和多数哲学反对以个人图利思想为主导的生活方式。但今天大多数人都不愿意接受

① 亚当·斯密：《道德情操论》。

禁欲主义观念，都毫不怀疑财富的真正利益。在他们看来，似
乎极其明显，人们没有金钱动机是不行的，而且除了某些无可
否认的流弊以外，这一动机也极能尽责，表现得很好。结果，
20 一般人们就不再注意这个问题，对这整个令人困惑的问题，他
们究竟是怎么想的，有着怎样的感觉，根本就没有一个明确的
概念。①

熊彼特在不同的场合谈到商人不可能待人以诚的时候，也提出了多少有些相同的观点：

领主和骑士以最最悠闲和雅致的姿态变为廷臣、显官、外交官、政治家，变为那种与中世纪骑士完全不同的军官。这种古老威望的残余——不仅仅在我们的女士们身上——甚至到今天还存在——当我们想到这一点时，它定是最令人吃惊的现象。

工业家和商人的情形正好相反。他肯定没有丝毫神秘的魅力，这种魅力正是统治他人所必需的东西。证券交易所是圣盘的蹩脚替代品。我们见到过工业家和商人(只要他们是企业家)也完成领导任务。但这种类型的经济领导不可能像中世纪领主的军事领导那样，上升为国家的领导。相反，分类账目和成本计算吸引了他们的注意力，并限制他们的发展。

我将资产阶级中的人称为理性主义者和非英雄主义者。

---

① 凯恩斯:《劝说集》，第 320 页。

> 他只能使用理性主义和非英雄的手段来维护他的地位或迫使国家服从他的意志。他能以人们可以从他经济成就中预期到什么而给人深刻印象，他能为他的事业辩护，他能允诺付钱或者威胁着要收回款项，他能雇用雇佣军队长、政客或记者做卑鄙勾当。但以上是他能做的全部，而这些行为的政治价值被人们大大高估了。这种生活经验和习惯也不能扩大他的个人魅力。一个业务办公室里的天才在办公室以外，连对一只鹅喝声呸的胆子都没有——在宫廷接见室和讲台上同样胆小如鼠。①

严格地说，对利润的追求毁坏了商人的声誉。如果财富能买 21
到各种尊敬，财富就不会白送给人了。

克服这种情绪以及为人们崇拜物质的方式进行辩护，是经济学家的任务。没有人愿意成为道德败坏之人，极端愤世嫉俗之人也非常罕见。即使是黑镖客也是为了他们敬奉的女神而抢劫和杀人的。经济学家的工作不用告诉我们应该做什么，而是要让我们知道，为什么我们正在做的事情符合正确的原则。

下面要讨论的话题是阐述自亚当·斯密以来众多经济学家的一两个主导思想，但我们不是用学术的方式追溯各种思想的发展，也不是从历史的角度揭示思想是如何从每个时代的具体问题中产生的，我们想要弄清楚的是，形而上学命题没有任何逻辑内涵，却能对思想和行为产生重大影响的奥秘。

---

① 熊彼特：《资本主义、社会主义与民主》，第137—138页。

3

经济学不仅仅是神学的一个分支。它自始至终都在努力摆脱情感，并努力为自己赢得科学的地位。我们在上面的讨论中已经弄清楚，形而上学命题不仅表达了道德情感，而且还给出了理论前提。在继续我们的讨论之前，我们必须首先考虑一下这种情况是如何产生的。

科学方法是另一种类的大象——科学方法不用给出定义，但实实在在地存在并可以进行描述。有关科学概括起源的普遍看法是，科学概括是基于对观察到的事物进行归纳的结果。我们常常听说，在发现澳大利亚黑天鹅之前，北半球的人因为从来就只看见过白天鹅，所以一致认为所有的天鹅都是白的，而澳大利亚的黑天鹅颠覆了这个概括。但这个说法似乎与经验不相吻合。你在英格兰第一次看见天鹅的时候，你能观察到天鹅是白色的，有长长的脖
22 颈等等，你知道它就是所谓的天鹅。这里并不存在对天鹅的归纳。强调天鹅的特征就是我们一眼看见的那个样子。如果现在我们碰巧使用解剖学而不是颜色进行物种分类，说所有的天鹅都有长长的脖颈就是一种循环表述，因为，如果这一生物没有长长的脖颈，它就不会分类为天鹅。如果碰巧天鹅被命名为白鸟，那么说黑色的白鸟听起来就有点冒傻气，澳大利亚的那些天鹅很可能就要叫不同的名字。

另一个人们喜欢用来阐述归纳的难题是：你为什么相信太阳明天会升起？在日常生活中我们视之为理所当然，无论如何，我们

不相信任何关于太阳的其他说法。如果我们认真询问：我们相信这个说法吗？如果相信，我们为什么会相信呢？答案肯定不会是说，因为我们是从太阳过去的行为归纳出来的这个结果。我们有一个行星运动的理论，行星的移动导致了太阳明显的移动，我们没有任何理由预期这个过程会在明天到来之前被中断（当然也有这个可能——但你不可能知道）。在此之前的一种理论说，上帝为照亮世界而创造了太阳，并让太阳环绕地球运动，这样我们就可以在夜里睡觉了。在这个理论之前还有一种理论说，太阳神阿波罗每天驾驶他的双轮马车隆隆驶过天空。因此在科学之前已经存在着大量理论。正如波普教授所说，科学的历程就是极力证伪的过程。科学的主体在任何时候都是由尚未被证伪的理论构成的。

在社会科学中（恕我们冒昧地这么称呼）应用科学方法的最大困难在于：我们还没有为某种假说的反证建立统一的标准。如果无法控制实验，我们就必须依赖于证据来进行解释，而解释就牵涉到评价，因此我们可能永远都无法获得无可反驳的答案。但由于主体会不可避免地渗透入道德情感，所以评价会因为先入之见而 23
带有倾向性。

> 如果一个人口服心不服，
> 他的观点仍然不会改变。

走出这个死胡同的方法不是摆脱先入之见，用一种完全客观的态度来处理所讨论的问题。如果有人对你说："相信我，我没有先入之见，"那么，他不是在自欺，就是在欺人。波普教授就曾经批评过这种自认是以社会科学家的公正之心为基础的论说方式。科学客观性的提出不是基于个人的公正之心，而是因为很多人都在不断地相互检验各自的理论。“为了避免谈论相互冲突的计划，科学家们试图以一种能够对其进行检验的方式来表达他们的理论，即用经验来反驳或证明。”①

我觉得波普教授所说自然科学并不比社会科学强的说法并不正确。同样，自然科学家也有人类的弱点，也会对自己的研究工作生发出类似爱国的情感：“无论对还是错，都是我的理论！”但在社会科学领域，最重要的首先是其讨论的论题本身就带有很强的政治和意识形态意味，所以肯定会涉及别种忠诚。其次，求助于“公众的经验”从来都不会有明确的结果，但实验科学家可以在可控条件下相互重复各自的实验，而社会科学家却总是给人有漏洞可钻的感觉——“我同意根据我分析的原因推出的结果与我所预期的结果相反，但如果不是这些原因的作用，实际结果与预期结果之间的差距会更大”。

这就需要依赖于具有另一种后果的评判。有时候我们注意
24 到，经济学家比其他科学家更不招人待见，性情也有些暴躁。原因是，一旦在讨论中涉及作者的个人评判，一言不合就会出言不逊。

亚当·斯密对诗人和数学家的不同秉性作了评论，他说：

> 诗的美是一个有关精细鉴赏力的问题。一个年轻的初学

① 波普：《开放社会及其敌人》，第2卷，第205页。

> 者几乎不可能确定自己的诗是否优美，因此，再也没有什么比得到朋友和公众的好评更能使他喜气洋洋，再也没有什么比相反的评价更能使他感到羞辱。前者确定了他急于获得的对自己诗作的好评，后者则动摇了这种好评。
>
> 相反，数学家对自己的发现的真实性和重要性充满自信，因此，对于人们怎样对待自己毫不在意。
>
> ……[他们]由于不受公众评价的制约，很少受到要维护自己声誉和贬低对方声誉的诱惑而组成派别和团体。他们通常是态度亲切、举止坦率的人，他们相互之间和睦相处，彼此维护对方的声誉，不会为了获得公众的赞扬而参与阴谋诡计，他们在自己的著作得到赞扬时会感到高兴，受到冷遇时也不会很恼火或非常愤怒。
>
> 对诗人和那些自夸自己作品优秀的人来说，情况总是与此相异。他们非常容易分成各种文人派别；每个团体往往公开和几乎总是隐秘地把别人当作不共戴天的仇敌，并运用各种卑劣的诡计和圈套以抢先获得公众对自己成员作品的好评，攻击仇敌和对手的那些作品。①

或许亚当·斯密过于抬举了数学家，或许经济学家也不像诗人那么差劲，但斯密的主要意思还是适用的。由于缺少用于消除错误
的统一的和可接受的方法，所以经济学论战中夹杂着个人因素。 25
这又是另外一种严重的危害。还有一个有名的例外可以证明这一

① 亚当·斯密：《道德情操论》，第1卷，第293—297页。

规律。凯恩斯是唯一跳出这一规律而且持宽厚态度之人，原因是，他不认为有谁的看法会超过他自己的看法。如果有谁不同意他的观点，那只是他们太笨，他自己没有理由对此发脾气。

个人问题是缺乏实验方法这一主要问题的副产品，所以严格来讲，我们无法迫使经济学家把形而上学概念化约为可证伪的术语，也无法迫使大家在可证伪问题上达成一致。所以经济学的一只脚是无法检验的假说，另一只脚是无法检验的口号，经济学只能一瘸一拐地前行。我们的任务就是尽最大可能将意识形态和科学区分开来。我们将会发现这一任务提出的问题没有好的答案。主宰我们当今社会之意识形态的主要特征，就是意识形态极度混乱。只有揭示出其中的矛盾才能理解这一点。

二　古典经济学的价值 26

经济学中最重要的形而上学观念之一是用“价值”一词来表示的。价值是什么？价值从何而来？价值并不是指有用性——商品之于我们的好处。

> 应当注意到，价值一词有两个不同的含义。它有时表示某些特定物品的效用，有时又表示由于占有某物而取得的对他种货物的购买力。前者可叫作使用价值，后者可叫作交换价值。使用价值很大的东西，往往交换价值极小，甚或没有交换价值；反之，交换价值很大的东西，往往使用价值极小，甚或没有使用价值。例如，水的用途最大，但我们不能以水购买任何物品，也不会拿任何物品与水交换。反之，钻石虽几乎无使用价值可言，但需有大量其他货物才能与之交换。①

价值并不是指在一些偶然事件影响下时时发生变化的市场价格，也不是指实际价格的历史平均数。事实上，价值不仅是价格，价值是可以用来解释价格之所以表现为价格的某种东西。那么价值是什么呢？我们可以在什么地方找到价值？就像所有的形而上学概念一样，在我们试图给价值下定义的时候，却发现价值原来只

---

① 亚当·斯密：《国富论》（人人丛书版），第1卷，第24—25页。

是一个单词。

尽管如此，我们在追踪价值的过程中发现的问题，绝不是毫无意义的问题。

27

1

让我们重温一下亚当·斯密是如何开始古典理论研究的：

> 在资本积累和土地私有尚未发生以前的野蛮社会初期，获取各种物品所需要的劳动量之间的比例，似乎是各种物品相互交换的唯一标准。例如，一般来说，狩猎民族捕杀一头海狸所需要的劳动，若两倍于捕杀一头鹿所需要的劳动，那么，一头海狸当然换两头鹿。所以一般来说，两日劳动的生产物的价值两倍于一日劳动的生产物，两小时劳动的生产物的价值两倍于一小时劳动的生产物的价值。
>
> 在这种社会状态下，劳动的全部生产物都属于劳动者自己，一种物品通常应可购换或支配的劳动量，只由取得或生产这物品一般所需要的劳动量来决定。①

我们应该怎么评价这个观点？这不是一个形而上学观点——它用完全真实的内容讲了一个非常肯定的事情。这或许是一个可供检验的假说。但是，这是一个既非产生于观察也非得自于分析的假说。它实际上属于神话领域，是那种类似于上帝为了使白天

① 亚当·斯密：《国富论》，第1卷，第41—42页。

和黑夜分开，因此让太阳环绕地球运动的神话。

我们分析一下亚当·斯密的理论。狩猎民族要做交易是怎么开始的？我们知道，交换产生于专业化，但亚当·斯密显然意指森林处于人人都可以无偿使用的状态。猎人不仅不拥有具体的狩猎区域，而且还明显排除了劳动的艰辛或所需技巧之间的差异。那么，为什么会出现交易呢？正如他本人在以下段落中所说：

> 在不存在分工因此缺少交换，且自己所需要的一切物品都由自己供给的原始社会状态下，要经营社会事业，无需预先储蓄资财。人人都力图依靠自己的劳动来满足自身随时发生
> 的需要。饿了便到森林去打猎；衣服坏了，便剥兽类的皮革来 28
> 穿；房屋破了，便就近伐取树枝草皮，尽其所能，加以修葺。①

怎么才能有一个正常的价格比率呢？这里可能存在偶然的互换，但为什么会存在以正常价格进行的定期交易呢？很显然，我们应该弄明白在具体的交易中，交易双方同意以正常价格进行交易的原因。这里不是讨论每次交易的发生，而是讨论支配交易的“通常的耗费”(usually costs)。价值有支配作用是因为价值公平且公正。毕竟，价值与中世纪经院哲学家之公平价格(Just Price)的差距不是很大。

在留传到当代的这一理论中，专业化得到了承认，专业化可以适用于每一个具有专门技能并自己拥有生产资料的工匠。事实

---

① 亚当·斯密：《国富论》，第1卷，第241页。

上，专业化才是交换产生的原因，但它同时也破坏了这一理论，仅有时间并不能度量不同种类的劳动。

人们说，一名铁匠打制马掌的具体劳动和一名织工织布的具体劳动，同时也是产生产品价值的抽象劳动。我们可以通过观察这些产品的价格获知每样产品中有多少抽象劳动。

> 一名商品生产者带了一把斧子到市场进行交换，他发现他可以用斧子换到20公斤粮食。这就意味着，这把斧子所值的社会劳动与20公斤粮食所值的社会劳动等量。[①]

就算我们能将这一概念的意义分析得天花乱坠，那也与历史
29 观点不搭界。因为在一个独立生存的小农经济中，每个区域群落都有必要赡养自己需要的手艺人，比如一名铁匠、两名理发师和五名神职人员，或是其他什么人，而且每人每年还必须拿到最低生活费。每单位产出的劳动时间与此并无关联。现在印度一些不发达村庄仍然保留了最简单的计划形式：即村里的专业人士有权在收获时节分享一定比例的收获物，但他必须多少做一些碰巧需要他做的工作。

至少从新石器时代开始，贸易和价格就已经确确实实存在了。我们有理由相信，当时就有一些交易打火石和琥珀的行商，这样推测似乎也还保险，因为在每次商旅行程结束的时候，他们都会出售

---

① 《政治经济学》，苏联科学院经济研究所教科书，伦敦，劳伦斯 & 威沙特出版公司，1957年，第71页。

一些能在国内市场占上风的外来的具有异国情调的商品，他们以此来换取这些商品所能换到的东西。[①] 可以肯定，劳动时间确实与交换无关。

亚当·斯密关于熊和鹿的故事无论在理论分析上还是在历史上都没有什么根据。他依据道德成见编排了这个故事，这也是这个故事的本来成因。只要经济体系在道德上让人满意，猎人就生活在田园诗般的过去。

> 一国土地，一旦完全成为私有财产，有土地的地主，像所有其他人一样，都想不劳而获，甚至对土地的自然生产物，也要求地租。……
>
> 资本一经在个别人手中积聚起来，当然就有一些人，为了从劳动生产物的售卖或劳动对原材料增加的价值上得到一种利润，便把资本投在劳动人民身上，以原材料与生活资料供给他们，叫他们劳作。[②]
>
> 在每一个社会及其临近地区，各种用途的劳动的工资以及各种用途的资本的利润，都有一种普通率或平均率。……
> 这些普通率和平均率，可称为那地方那时候通行的工资自然 30
> 率、利润自然率或地租自然率。一种商品价格，如果不多不少恰恰等于生产、制造这商品乃至运送这商品到市场所使用的按自然率支付的地租、工资和利润，这商品就可以说是按它的

① 见 J. G. D. 克拉克：《史前欧洲》，第 9 章。

② 亚当·斯密：《国富论》，第 1 卷，第 44、42 页。

自然价格的价格出售的。[1]

这是一种非常纯朴的价格理论，尽管今天仍在传播的这一理论更为复杂精致，但我们怀疑这一理论是否还是那样富有洞察力。或许这就是处于道德两难境地的核心问题，而这个核心问题却没有做过分析。财产和利润就是强加给工人的负担。有一种怀旧的观点，即在[土地尚未私有而资本尚未积累的]原始社会状态下，[劳动的全部生产物属于]劳动者，既无地主也无雇主来与其分享[2]。

但人们认为亚当·斯密是个讲求实际的人。他的《国富论》并没有研究道德情感，而是致力于研究利己。由于分工导致了生产力的增长，所以我们能看清楚前面的路。在这里，大概勾勒一下价值理论就足矣，因为价值理论的主要观点就是讨论自由贸易的好处和资本的积累。这里重要的是物质产出的增长，价格实际上并不非常重要。

在李嘉图那里，价值也是一个附带研究的问题。李嘉图最初并没有打算研究价格理论：

土地产品——将劳动、机器和资本联合运用在地面上所取得的一切产品——要在土地所有者、耕种所需的资本的所有者以及以进行耕种工作的劳动者这三个社会阶级之间进行分配。

① 亚当·斯密:《国富论》，第1卷，第48页。

② 同上书，第57页。

> 但在不同的社会阶段中，全部土地产品在地租、利润和工资的名义下分配给各个阶级的比例是极不相同的。这主要取决于土壤的实际肥力、资本积累和人口状况，以及农业上运用的技术、智巧和工具。
>
> 确立支配这种分配的法则，乃是政治经济学的主要问 31
> 题。[①]

但李嘉图因为需要对被分配产品的总额进行度量而使研究受阻。他的困难在于产品价值中工资份额的变化，工资份额的变化造成了资本利润率的变化。由于工资和利润形成了商品成本的不同组成部分，所以这种变化改变了商品的相对价格。用什么单位来为产品定价呢？正如斯拉法先生所指出的，李嘉图使用的是单位劳动时间，但他从来没有满足于以劳动时间为单位，所以他在《政治经济学及赋税原理》的不同版本中不停地进行改动。这一点在他最后一篇文章，即在都柏林拉哈尼教区那个有名的铁盒子中发现的文章里非常清楚地表示出来。[②]

> 要使价值尺度成为一个完美的尺度，其仅有的一些必要属性是，它自身应当具有价值，这个价值自身应当是不变的，就像长度的完美尺度应当具有长度，那个长度既不会增也不会减，或者是重量的尺度应当具有重量，那个重量应当是恒定

① 《大卫·李嘉图著作集》，斯拉法编，第 1 卷，《政治经济学及赋税原理·前言》，第 5 页。

② 同上书，第 1 卷，第 ix 页。

> 不变的。
>
> 一个完美的尺度应当是什么样的，虽然说说很容易，要找到具有所要求的属性的这样一种商品，却不那么容易。我们需要长度的尺度时，挑选了“码”或“尺”，那是某一确定的长度，它不会增也不会减。但是，当需要价值的尺度时，我们应当挑选哪种具有价值而且其自身价值不变的商品呢？[①]

我们现在可以清楚地看到这段话离题太远。当然，重量和长
32 度都是人们约定的，但这种约定属于物质的非人类世界，所以实际上这种约定一旦确定就无法改变。对于鲁滨逊和特拉法尔加广场的人以及莫斯科和纽约的人来说，这些计量单位完全相同，没有差别。但价值却是人与人之间的一种关系。价值对于鲁滨逊毫无意义。将来也绝不会出现一种计量单位来计量对每个人都意义相同的国民收入，更不会出现一种在不同时期或在不同的经济体系中指代相同事物的单位。

现在我们已经知道，我们不能指望从含有某些错误的问题中获得答案，但是李嘉图从来就没有明白这个问题中有什么错误，他一直在努力消除他的答案中的错误。

李嘉图在追寻**绝对价值**的过程中，似乎没有什么意识形态色彩或任何臆想的味道。他心地直率而坦诚，遗憾的是，在那些自认是在考虑社会和政治问题的人中，这种心态非常少见。李嘉图是真诚地在与真正的学术困惑进行斗争。但他是使用意识形态术语

① 《大卫·李嘉图著作集》，斯拉法编，第4卷，第361页。

在讨论问题，在斯拉法先生重新刊印他的著作之前，还有其他一些问题也错归在他的名下。

李嘉图用来度量**价值**的单位劳动似乎引发了某种程度的危险想法。仅有劳动具有创造价值的功劳？劳动创造价值就意味着利润是强加给工人的负担？人们认为，李嘉图在研究价值单位过程中进行的改动，显示出他也承认资本具有生产性，但他的全部观点随着他的分析陷入了形而上学伪装下的迷雾之中。

为免李嘉图思想受到危险思想的诋毁，马歇尔奋起为其争辩。他认为，误解都源于李嘉图思想的晦涩：

> 他叙述的杂乱同他思想的深邃相映成趣，他用词牵强附会，而不加解释，同时也不固守其虚构的意义；而且他总是从 33
> 一个假设转向另一个假设，而不加以说明。
>
> 因此，如果我们想正确地理解他，就必须宽宏地解释他，也许比他自己解释亚当·斯密还要宽宏些。当他的文辞含混不清时，我们必须用他著作中其他段落所指示的意义加以解释。[1]

因此马歇尔确定李嘉图的“等待”是生产成本中的一个要素。在页边提示语“他纠正了马尔萨斯先于马克思的误解”的地方，他援引了李嘉图的说法：

① 马歇尔:《经济学原理》，第813页。

“马尔萨斯先生似乎认为，我的理论中一物的成本和价值相同，如果他所指的成本是包括利润的‘生产成本’，则他的看法就是对的。但在上节中，他不是指的这个意思，因此，他显然不理解我的学说。”但罗德贝尔图斯和卡尔·马克思都认为，李嘉图主张物的自然价值只是由消耗在它们上面的劳动构成的，甚至那些极力反对这两个学者的结论的德国经济学家，也往往认为他们对李嘉图作了正确的解释，他们的结论是李嘉图结论的逻辑结果。①

34 整件事情使分析与意识形态之间的关系有了一个正面范例，更何况，由于今天已经没有人觉得应该热心地对待这个问题了，所以我们可以用一种超然的心态来看待这个问题。

马歇尔非常清楚地意识到李嘉图只是在寻找一种价值尺度。在上述引文出处的那篇附录的结尾，他写道：

李嘉图著作的第一章中对支配各种商品的相对交换价值的原因进行了讨论，因为它对后来思想的主要影响是在这个方面。但是，它原来和劳动价格作为尺度货币的一般购买力的标准究竟相宜到什么程度的争论是有关的。②

从**价值**尺度到相对价格决定理论之论题的转移，与李嘉图的

① 马歇尔：《经济学原理》，第 816 页。

② 同上书，第 821 页。

学术兴趣从调节社会各阶级之间土地产出分配的法律，转移到并不亟待解决的相对价格问题，有一定的关联。但表面之下，分配问题仍然在为这个不温不火的问题增加热度。**价值**这一神秘的溢出物在某种程度上仍然隐藏于相对价格中，虽然现在价值仅仅被看成为商品之间的交换率(exchange rate)。如果仅仅是劳动就有决定相对价格的能力，那么某种程度上劳动就有创造**价值**的能力，而如果劳动创造了价值，那么，劳动是否必定应该拥有价值呢？亚当·斯密讲求实际的观点，即地主和雇主强行参与分享其份额的观点，不会对更为虔诚的一代产生影响。资本一定创造了它所获得的价值。因此在李嘉图研究价值尺度时困扰他的问题——在不同商品价格中的利润/工资比，一定不同于生产商品的资本/劳动比——逐步转变为对利润的道德评判问题，这就是对劳动本就应该获得它所创造的**价值**这一隐藏观点的回答。

2

马歇尔一直都清楚李嘉图的实际意思，但他并不理解马克思。马克思劳动价值理论的用途绝不是简简单单地宣称劳动者拥有自己的劳动产出的权利。相反，马克思断言，价值理论刚好对剥削作出了解释。

与其他人一样，马克思也觉得有必要提出一个相对价格理论，35
虽然马克思认为相对价格理论非常重要，但我们还是可以看出相对价格理论与他论题的主要观点没有相关性。

马克思在《资本论》第一卷一段著名的段落中讨论了相对价格

理论：

我们再拿两种商品例如小麦和铁来说。不管二者的交换比例怎样，总是可以用一个等式来表示：一定量的小麦等于若干量的铁，如1夸脱小麦$=x$英担铁。这个等式说明什么呢？它说明在两种不同的物里面，即在1夸脱小麦和x英担铁里面，有一种等量的共同的东西。因而这二者都等于第三种东西，后者本身既不是第一种物，也不是第二种物。这样，二者中的每一个只要是交换价值，就必定能化为这第三种东西。

……

这种共同的东西不可能是商品的几何的、物理的、化学的或其他天然属性。商品的物体属性只是就它们使商品有用，从而使商品成为使用价值来说，才加以考虑的。另一方面，商品交换关系的明显特点，正在于抽去商品的使用价值。在商品交换关系中，只要比例适当，一种使用价值就和其他任何一种使用价值完全相等。

如果把商品体的使用价值撇开，商品体就只剩下一个属性，即劳动产品这个属性。可是劳动产品在我们手里也已经起了变化。如果我们把劳动产品的使用价值抽去，那么，也就是把那些劳动产品成为使用价值的物体的组成部分和形式抽去。它们不再是桌子、房屋、纱或别的什么有用物。它们的一切可以感觉到的属性都消失了。它们也不再是木匠劳动、瓦匠劳动、纺纱劳动或其他某种一定的生产劳动的产品了。随着劳动产品的有用性质的消失，体现着劳动产品中的各种劳

> 动的有用性质也消失了，因而这些劳动的各种具体形式也消失了。各种劳动不再有什么差别，全都化为相同的人类劳动，抽象的人类劳动。
>
> ……
>
> 这些物现在只是表示，在它们的生产上耗费了人类劳动力，积累了人类劳动。这些物，作为它们共有的这个社会实体的结晶，就是价值。[①] 36

杰拉尔德·肖夫反对当今的学者将此描述为“纯粹教条式陈述”，他认为，这是一种论证。[②] 但我们很难从中发现任何论证的痕迹。价值是解释价格但又不同于价格、反过来还要用价格来解释的某种东西。用劳动时间解释价值不过是一种主张而已。如果我们把**价值**定义为生产一件商品所需要的劳动时间，那么这一命题就进一步推进为，通常情况下，商品按照与这个意义上的**价值**成比例的价格进行交换，这样，我们就可以把它从一种形而上学的说法变成为一种假说。但我们预先就已经知道，对这种假说进行检验纯属浪费时间，马克思也知道这一假说并不正确。

与亚当·斯密关于海狸和鹿交换的故事一样，这个价格理论并不荒诞，也没有打算对科学作出原创性贡献。它只是一个正统的信条。它是将劳动是**价值**尺度的思想和从李嘉图那里拿来的劳动是价值**源泉**的思想合并了起来，正如我们从李嘉图最后一篇文

① 马克思：《资本论》，第 1 卷，第 3—5 页。

② 《罗宾逊夫人论马克思学派经济学》，载《经济学杂志》，1944 年 4 月号。

章(马克思从来没有看到过)中看到的那样,这里不存在意见不一,这个价格理论非常接近李嘉图本人讨论它的方式。

这个争论的关键在于理论的某些地方存在很大的差别。马克思接受了所有的商品都按照与自身**价值**成比例的价格进行交换的信条后,又将此信条应用于劳动力。这也是解释资本主义的一个线索。工人得到了自己的**价值**,即按劳动时间计算的成本,雇主则使用劳动力去生产大于劳动力成本的**价值**。工人的成本就是维持生计的工资。(这并不是简单的最低生理需求,其中包含有“历史的和道德的因素”,取决于“自由劳动阶层形成”[①]时期的生活水平。)

37 马克思并没有像视剥削为抢劫的幼稚空想家一样来控诉资本主义。相反,他用一种合乎逻辑的讽刺来为资本主义辩护。这里不存在欺骗,每样东西都公平和公正地按其价值进行交换。工人应该得到的不是他生产出来的价值,而是相当于他的成本的价值。

在这个层面上,马克思的全部观点都显得有点形而上学,它为我们提供了一个形而上学思想如何推进的典型范例。从逻辑上讲,它只是一些冗长的絮叨,但对马克思来说,它却是一种阐发,对后来的马克思主义者来说,则是灵感的源泉。

从意识形态来说,它是比直接攻击不公正具有更强杀伤力的精神毒药。这个理论体系在它自己的规则范围内还算合理,正是出于这个原因,改革是不可能的,因为没有什么可以改革的,除非推翻理论体系本身。

---

① 马克思:《资本论》,第1卷,第150页。

从学术上讲，这个理论为分析资本主义提供了基础。

马克思从李嘉图那里学到了建立我们今天所谓的模型的诀窍，即先说明假设条件，然后得出结论。他用对劳动力价值的分析论证支撑住了自己的信条。

资本主义首先通过使农民和工匠倾家荡产而招募到自己需要的工人。“自由劳动阶层形成”时流行的生活水平决定了实际工资水平。生产超过工资的剩余属于资本家。这不是抽象的剩余价值，而是具体的商品剩余，特别是工资商品的剩余。资本家利用从这批工人身上得到的剩余价值去雇用另外的工人——部分用于满足自己的欲望和他们依附者的欲望，另外更多的部分则用于榨取更多剩余价值的资本积累。劳动力一直都在不断增加（这是在这一阶段作出的一个明显的假设），同时又存在一个由失业工人组成的潜在的劳动后备军。这就提供了一种机制，这种机制使实际工资不可能永久性上升到初始水平以上。一旦资本累积过快并使劳 38
动后备军数量减少，实际工资水平就会上升，就业工人的人均剩余就会下降。资本积累的速度将会因此而放缓。（这里，马克思的论证有一个弱点，因为在商业周期理论中，一旦过去实现的利润降低，资源的减少就会使未来预期利润降低，投资诱因也会下降。）利润的减少不仅会降低积累的速度，从而使劳动力的供给超过资本的供给，高工资还会使资本家引入劳动节约设备。由于人口的自然增长超过了速度减缓的资本积累步伐，再加上技术性失业使劳动后备力量重新增大，因此实际工资水平又被打压了下来。

在这里，形而上学的理论已经被转变成一种科学的假说——受制于资本主义的实际工资不会上升的假说。这种说法表面上貌似合理，但结果表明根本不对。实际上，这个理论只是为它的科学地位给出一个证明。类似于价值规律这样的形而上学信念不可能有错，但这只是表明我们无法从中了解到任何东西。

显而易见，是马克思主义的教条而不是马克思主义的科学因素推动了一场伟大的历史性运动，并发展为一种正统思想。由于科学要通过试错才能进步，所以一旦科学拒不认错，科学就不能进步，科学因素也会退化。即使在今天，马克思主义者要不否认资本主义提高了工人的生活水平，就否认马克思曾经预测说资本主义不会提高工人的生活水平，在马克思思想的发展过程中，马克思主义者为了维护马克思思想的教条因素，选择牺牲马克思思想的科学因素。

39 反马克思主义者也好不到哪里去：他们对马克思主义的攻击集中在原理体系，尤其把相对价格理论作为打击的软肋紧紧抓住不放。

马克思精心阐述了自己的相对价格理论，所以相对价格理论显得与《资本论》第一卷中简单的教条很不相同。忠诚的马克思主义者非常气愤地指出，第一卷和第三卷之间不存在不一致的地方，而且公允地说，马克思本人也是将其看成修改而不是不一致。在《资本论》第一卷中，马克思说商品的正常价格与商品的**价值**成比例，在第三卷中他又说，这只适用于那些刚好需要（转换成学术术语）人均资本比率的商品（overall average ratio of capital per man employed）。不管怎样，马克思从来就没能像在《资本论》第一卷中那样，将自己其他的理论成功地整理成条理清楚、前后一致的完整体系，所以他也没有公开发表这些理论。公平地说，没有人能指责未刊著作中理论的前后不一。是恩格斯宣称，价值规律与具有不同资本劳动比率的各个生产行业中相等的利润率，在第三卷中已经协调一致。他很看重的这件事情被庞巴维克公开调侃为对策竞赛的获奖论文。[①] 后来第三卷终于出版，问题还是没有得到解决，只是用一些冗长的废话装饰了一番，老调常谈地说价格是包括资本正常利润在内的生产成本。

庞巴维克很高兴自己能秀一把自己的才智，贬损一下马克思，自此以后学院派经济学家也能在告诉学生说马克思的体系有些混乱的时候，好好地轻松一把。此外，马克思主义者也已经振奋起来，开始捍卫这个过于牵强的观点。但马克思的理论无论如何也绝不是全然依靠这个理论。从意识形态方面说，马克思的基本理论涉及劳动力价值；从科学方面说，涉及产业生产中的工资份额，庞巴维克风趣的调侃和马克思捍卫者夸张的回答都完全没有触及 40
这个部分。

从分析的角度考虑，整件事情有点小题大做。事实上，在**相对**价格的分析上，我们都没能超过亚当·斯密的简单理论。[②] 经济的总体发展，决定了经济中工资、利润和租金的总体水平（这里才是所有有意思的问题之所在）。以此为基础，每一个具体商品的正常价格则由这个商品在生产中的正常成本决定（亚当·斯密也谨慎地对垄断和天然稀缺性的例外情况作了分析），因为每个行业一定或多或少都能够按照生产中耗费的相同比例，支付给生产中的

① 《卡尔·马克思及其体系的终结》（这个英文题是误译。庞巴维克是指其分析的完成。）

② 参见上文，第 30 页。

各种要素。

到目前为止，就我们考察的制造业的一般性特点而言（至少到现在为止，可能只有汽车行业有一些重大变化），决定成本差异的主要因素，还是雇佣劳动每人每小时的产量。一把茶壶和一辆汽车之间的价格差，甚或是奥斯汀和劳斯莱斯之间的价格差，也主要取决于生产一辆汽车所引致的工资的差别。（正是这个“工资价值理论”，凸现出导致亚当·斯密提出虚构劳动价值理论的早期条件。）

这一理论并不适用于自然商品（虽然马克思从来没有明确这一点）。一吨白金和一吨铅之间的价格差，大于每一商品每单位产出差额的倒数。一磅酿酒葡萄和一磅醋栗梅之间的价格差也是这样。

对于制造业来说，一方面每个人都肯定会认为价格差多少都
41 会比例于劳动成本，另一方面，由于所使用劳动的等级，由于人均资本和投资比例，所以价格差又不会确切地比例于劳动成本。

那么，什么地方小题大做了呢？就没有什么结果与说得过去的相对价格理论相同了吗？说到底，如果没有说得过去的理论，争论也不会存在。实际上，是意识形态引出了所有的麻烦。

当然，就像人察觉不到自己的呼吸那样，没有人会意识到自己的意识形态。马克思尤其认为自己具有充分的科学性，而且还极不赞成那种依赖于道德情操的空想社会主义。他的分析显示，作为经济发展中一个必要发展阶段的资本主义，担负着促使社会劳动生产力成熟的任务，资本主义在完成这一历史任务之前，不可能，也一定不能被推翻。同时，资本家实际上也和其他人一样，只

是资本主义制度的工具。熊彼特的创新型企业家，即人类的恩人，与马克思所谓的守财奴具有相同的特征。只是马克思和熊彼特各自使用了不同的形容词。马克思对他们当然恨之入骨。马克思所写的每一个字都浸透了道德义愤，原初意义的马克思主义（就像基督教）具有失败者的利益诉求。像基督教一样，资本主义随着时间的车轮已经成为了胜利者的信条，因此资本主义的道德诉求也已经减弱。

3

那么理论的实际应用如何呢？被想象成戳穿资本主义伪装的价值规律是如何培育出社会主义经济的呢？

首先，作为国民收入计量单位的劳动价值，根本没有用处。我们无法采用简单地计算包含在商品中的劳动小时的总和的方法，估算出一年之内生产出的商品的总价值。

本来，生产劳动时间与非生产劳动时间就存在一个区别的问 42
题，关于这一点，我们可以回到亚当·斯密的讨论：

> 有一种劳动，加在物上，能增加物的价值；另一种劳动，却不能够。前者因为可生产价值，可称为生产性劳动，后者可称为非生产性劳动。制造业工人的劳动，通常会把维持自身生活所需的价值与提供雇主利润的价值，加在所加工的原材料的价值上。反之，家仆的劳动却不能增加什么价值。制造业工人的工资，虽由雇主垫付，但事实上雇主毫无所费。制造业

工人把劳动投在物上,物的价值便增加。这样增加的价值,通常可以补还工资的价值,并提供利润。家仆的维持费却是不能收回的。雇用许多工人是致富的方法,维持许多家仆是致贫的途径。但家仆的劳动也有它本身的价值,像工人的劳动一样,应该得到报酬。不过,制造业工人的劳动,可以固定并且实现在特殊商品或可卖商品上,可以经历一些时候,不会随生随灭。那似乎是把一部分劳动储存起来,在必要时再提出来使用。那种物品,或者说那种物品的价格,日后在必要时还可用以雇用与原为生产这物品而投下的劳动量相等的劳动量。反之,家仆的劳动却不固定,也不实现在特殊物品或可卖商品上。家仆的劳动随生随灭,要把它的价值保存起来,供日后雇用等量劳动之用,是很困难的。

有些社会上等阶级人士的劳动,和家仆的劳动一样,不生产价值,既不固定或实现在耐久物品或可卖商品上,也不能保藏起来供日后雇用等量劳动之用。例如,君主以及他的官吏和海陆军,都是不生产的劳动者。他们是公仆,其生计由他人劳动年产物的一部分来维持。他们的职务无论怎样高贵,怎样有用,怎样必要,但终究是随生随灭,不能保留起来供日后取得同量职务之用。他们治理国事,捍卫国家,功劳当然不小,但今年的治绩买不到明年的治绩;今年的安全买不到明年的安全。在这一类中,当然也包含着各种职业,有些是很尊贵很重要的,有些却可说是最不重要的。前者如牧师、律师、医师、文人;后者如演员、歌手、舞蹈家。在这一类劳动中,即使是最低级的,也有若干价值,支配这种劳动价值的原则,就是

> 支配所有其他劳动价值的原则。但在后一类劳动中，就连最
> 尊贵的，也不能生产什么东西供日后购买等量劳动之用。像 43
> 演员的对白，雄辩家的演说，音乐家的歌唱，他们这般人的工
> 作都是随生随灭的。[①]

亚当·斯密探索的是对积累过程作出贡献的劳动的概念。马克思接受了生产劳动和非生产劳动的区分。他把运输业包括在生产劳动之中，但是将商业排除在生产劳动之外。事实上，社会主义国家在计算国民收入的时候，区别线似乎是画在物质商品与服务之间。因此，帽子是国民收入的一个组成部分，但做头发就不是。这种做法可能存在很好的实证理由。如果有物质产出，那么，对生产力增长的计算就更加容易一些(虽然质量的差异很难捕捉)，而服务只能按照费用进行评价。但从哲学的观点看，产生价值的劳动和其他劳动之间的区别很难让人理解。

第二个难题在于工人的素质。我们怎么才能弄清楚在一个技术精湛的工程师的一小时劳动中包含有多少抽象劳动？使用不同级别的工人的相对工资差异来评估他们贡献于一个产品的不同价值量并不很合情理，工资差测度的是劳动力的价值差，劳动力的价值则是维持和训练工人的费用，不是所创造的价值的差别。

第三个难题是，价值并不仅仅取决于实际耗费在工作中的工作时间，而是取决于社会必要劳动时间。马克思小心翼翼地避开一种荒唐的说法，即一名笨拙的工人生产的产品中包含的价值多

① 亚当·斯密《国富论》，第1卷，第294页。

于一名高效工人生产的产品中包含的价值。技术进步和资本积累
降低了既定商品中包含的价值,只要在使用先进技术时仍然同时
44 使用过时的生产方法,或是一组工人比另外一组工人使用更加先
进的设备,以及在同一时间内每个小组中都有某些人的效率高于
其他人,我们怎么才能为每个生产行业计算出社会必要劳动时间
的确切数字呢?

最后,一年生产的价值不仅是当年劳动的耗费,还是内含过去劳动时间的资本品贡献的价值。这种情况引出了与厂房折旧和股票估价相关联的所有众所周知的令人费解的难题。

但如果所有这些难题都能用这样或那样的方式解决,价值单位依然显得多余,因为,价值单位并不能度量度量者感兴趣的东西。生产力和国民收入的增长被看成是商品产出流量,准确地说,是必须关注的每人每小时实物产出的变动。就价值而言,一小时就是一小时。年复一年,定量劳动时间生产出同量的价值。但谁会在意这一点呢?我们想知道的,只是它生产了多少物品。

实际上,社会主义经济学家与他们的资本主义同行一样,也要用货币形式计算国民收入的总和,他们也面临同样的物价工资指数问题,对历史成本与重置成本也有同样的困惑,也有想让数字能够表达出更多涵义的诱惑。价值理论对此绝对无济于事。

作为一种实际工资理论的劳动力价值在社会主义经济中显然没有地位。管理生产的计划也不是从自己的利益出发用于榨取剩余价值,而是用于为自己所需要的投资、国防、社会服务以及社会的一般管理费用筹措资金。凯恩斯学派的实际工资理论是个较为合适的理论,价格与货币工资的关系由投资与消费比率来决定。

与此同时，社会主义经济也在骄傲地展示自己超过资本主义 45
经济的较快的积累速度。在某种程度上，将可供投资的资源贴上“剥削”和“无偿劳动”标签的确有些让人尴尬。认为资本家为了自己的利润榨取剩余价值，而社会主义的计划人员只考虑社会福利，其实是一种道德层面的主观说法，从客观上考虑，在马克思的体系中，资本家就是社会的一个器官，其作用就和社会主义的计划人员一样，是为了进行积累。正如凯恩斯所指出的，“他们像蜜蜂那样储蓄和积累财富，虽然他们那样做是出于狭隘的个人目的，但丝毫没有减少他们对整个社会福利的贡献”。[①] 就像我们今天在东南亚或加勒比海诸岛看到的那样，受资本家剥削的痛苦与不受资本家剥削的痛苦相比较，简直微不足道。在这里，价值规律发展的倾向让人从内心感到困惑。

相对价格怎么样呢？为了使商店中出售商品的价格与其**价值**相称，有必要通过统一的工资税为投资等活动聚集资金，并让价格涵盖包括税收在内的成本。虽然实施这种制度时要进行一些修正以使价格与供需状况保持一致，但由于只有在克服了种种短缺因而每个个别商品都具有完全弹性供给时，价值才会与需求价格一致，所以这里仍然可以对这种价格体系给出很多建议。但是现在还没有人想要实施这种价格体系，而且在社会主义经济理论中，似乎也没有有关相对价格的明确理论。《政治经济学》教科书只是告诉我们，“在计划价格中已经考虑了价值规律的运行”，[②]但并没有

① 《合约的经济后果》，第 16 页。

② 《政治经济学》教科书，第 591 页。

说明价值规律如何运行。

教科书特别强调了苏联实施的两种生产的区别：即国家所有
46 且工人领取工资的工业领域中的完全社会主义生产，以及大多数农业领域中的合作生产，在合作生产中，主要生产资料由集体农庄所有，工人获得生产中的一个份额。

怎么才能从农产品**价值**中推导出农产品价格呢？关于这一点，书中从来没有给过解释。据推测，在一个集体农庄内，正确的步骤是首先对不同的工作进行评估，这样，一个工作日内挣得的工资就会因为工作不同而有不同。但是农业劳动工作日的货币报酬，还取决于农产品出售时的价格。这个价格部分由当局制定，部分取决于自由市场变幻无常的供给与需求。那么，是价值决定了价格还是价格决定了价值呢？

在各种涵义不同的价值概念中，有一个一直隐藏着的涵义，即古老的公平价格概念，也就是使亚当·斯密所说的猎人根据他们通常捕获每种猎物花费的时间来调换猎物的原则。这正是价值理论中缺少的一种涵义。价格应该（服从于政治上的便利）是在一个国家和一个城镇、用一天的劳动带来大约相同收入的东西。但即使认为这是一种理想的概念，仍然有一个需要进行计算的问题，即每个人相同的收入在不同的环境中会引致极为不同的生活水平。**价值**对此仍然无补于事。**价值**仍然没有实际内容，价值不过是一个词而已。

三　新古典经济学的效用 47

由于劳动价值理论不尽如人意，且被正统阵营彻底清除了出去，**效用**便进入了人们的视野。

1

效用是一个循环论证且无懈可击的形而上学概念，**效用**是商品使人愿意购买它们的品质，人们愿意购买商品这一事实表明，商品具有**效用**。

效用开始流行首先与相对价格相关联。效用被说成是一个数量，可以用来表达总量、平均量和边际数量，因此可以用来解释关于水和钻石的古老困惑。因为没有水就没有生命，所以水的总**效用**无穷大。一旦个人拥有了自己需要的量，就不愿意为这件东西再多掏钱了。但是在水资源极为稀缺的亚丁*，水很值钱，因此个人消费的量被减少到其**边际效用**与价格相等的量。但我们是怎么知道的呢？由于价格是**边际效用**的尺度，所以情况必定是这样。

杰文斯因他人的启发产生了这个思想，“过去几个月来，我幸运地提出了无疑是真正的**经济学理论**，这个理论的透彻性和一贯

---

* 亚丁是也门的一个城市。——译注

性使我现在读到这方面的其他著作时不能不深感愤怒”[①]。

48 马歇尔独立发现了效用与消费者剩余概念有关。[②] 在《经济学原理》最后一版中出现的效用，已经被马歇尔设定了许多限定条件：

> **效用**是被当作与**愿望**或**欲望**相关的名词。我们已经说过，愿望是不能直接衡量的，而只能通过它们所引起的外部现象加以间接的度量：而且在经济学主要研究的那些事例上，这种度量是以一个人为了现实或满足他的愿望而愿意付出的价格来表现的。他也许有一些不是有意识地要得到满足的愿望和抱负，但是，现在我们主要涉及的是想得到满足的愿望和抱负。我们认为，一般说来，由此得到的满足大体上相当于购买东西时所预期的满足。
>
> 欲望是无止境地多种多样，但每一个别的欲望却是有限度的。人类本性的这种平凡而基本的倾向，可用**欲望饱和规律**或**效用递减规律**来说明：一物对任何人的**全部效用**（即此物给他的全部愉快或其他利益），每随着他对此物的所有量的增加而增加，但不及所有量的增加那么快。如果他对此物的所有量是以同一的比率增加，则由此而得的利益是以递减的比率增加。换句话说，一个人从一物的所有量有了一定的增加而得到的那部分新增加的利益，每随着他已有的数量的增加

① 杰文斯：《书信和日记》，第151页。

② 马歇尔：《国内价值纯理论》。

> 而递减。
>
> ……
>
> 直接地或从本身来衡量欲望，或是由于欲望的实现而产生的满足，即使不是不可想象的，也是不可能的，我们对这一点不能过于坚持。即使我们能够这么做的话，我们也应该从两方面来考虑，一方面是欲望，另一方面是已获得的满足。这两方面也许大不相同，因为即使不说高尚的抱负，就是经济学主要研究的那些欲望，尤其是与好胜心有关的欲望，有些是由于一时的情感冲动，有许多是由于习惯的力量；有些是病态的，而且只会引起危害；还有许多是基于永远不会实现的期望。……当然，有许多满足并不是普通的愉快，而是属于人类的较高本性的发展。或者用一个很好的古词来说，属于人类的幸福。而有些满足也许甚至一部分是由于舍己为人而产生的。……因此，这两方面的直接衡量是不同的。但是，两方面的直接度量既然都是不可能的，我们还是采用经济学所提供
> 的对活动的动机或动力的度量：这种度量虽有种种缺点，我们 49
> 仍可用它来衡量鼓舞活动的欲望，和这些欲望所产生的满足。①

价格度量的是欲望而不是满足，但满足并不能排除在外。效用是个好东西，经济生活的目标和目的就是尽可能多地获取效用。同时，如果我们用图示法表示，效用看起来就是一个可以测度的

① 马歇尔：《经济学原理》，第92—93页。

量。

在进一步讨论之前,我们已经悲哀地注意到,当代对效用这一概念的所有改进都没有使它脱离形而上学的范围。今天我们被告知,因为无法对效用进行度量,所以效用不是一个可操作概念,"显示性偏好"也无从显示。可观察的市场行为会显示个人的选择。偏好只是我们所讨论的个人的喜好,而且不涉及价值评判。但随着讨论的进行,我们渐渐清楚,对个人而言,好东西就是他自己喜欢的东西。人们可能认为这不是一个满足的问题,而是一个自由选择的问题:即我们愿意他拥有自己喜欢的东西,这样才能避免限制他的行为。

然而,吸毒者应该去戒毒,孩子应该去上学。除非我们对偏好本身进行评价,否则我们怎么才能确定哪些偏好应该得到尊重,哪些偏好应该受到限制呢?

对我们来说,我们根本不可能违反我们的本性而不进行价值评判。

此外,市场行为可以揭示人的偏好的说法并不确切。这不仅是因为给个人提供其他商品,或者只是为了看看个人会购买什么而改变其收入的实验,在实际操作中永远也不可能进行。这种反对理由不仅切合实际,而且合乎逻辑。

正如马歇尔所说:

> 可是,在这一规律[边际效率递减规律]中有一个暗含的
> 50 条件应当加以说明。就是,我们假定,不容许这其间有时间使
> 消费者自己在性格和爱好上发生任何变化。所以,这规律没

> 有这些例外。一个人越多听优美的音乐，他对音乐的爱好就越强烈。贪婪和野心往往是不会满足的；或者，整洁的美德和酗酒的恶习同样愈演愈烈。因为我们的观察及于若干时期，而且被观察的人在这个时期的开始与结束，具有不同的性格或爱好。我们如果当一个人就是像他现在这样，而不容许有时间让他的性格发生任何变化，那么，一物对他的边际效用，就会随着这件东西的供给的每一次增加而不断递减。[①]

我们可以观察到一个人仅在两个不同时间段里对两组不同价格的反应。我们怎么才能辨别出他所购买的不同商品中，哪一部分是由于价格差别的结果，同时，他的偏好中哪一部分产生了变化？我们当然没有认定他的特征没有发生变化，因为肥皂和威士忌也不是仅有的可以影响喜好的商品。实际上，每一种习惯都会有惰性的一面，也有希望变化的一面。

我们已经得到了一个有两个未知数的方程。但除非我们可以获得某种关于偏好的客观证据，否则实验根本没有用处。但这个我们设想的实验却要依赖于对偏好的观察。

这不是唯一的难题。对杰文斯和有时不够谨慎的马歇尔来说，消费者就是“一个人”，或者是鲁滨逊·克鲁索，或者是一个手头偏紧，又没有欲望和爱好的人。一旦我们承认社会、攀比和广告对个人偏好程度的影响，设计实验的问题就会成为笑谈。更糟的是，当我们认识到，一个人的消费可能会降低他人的福利时（我们

① 马歇尔：《经济学原理》，第94页。

每个人都有汽车这个事实就已经将痛苦强加给我们了),我们就开始质疑偏好是否就是我们真的偏爱的东西。

51 我们不再咬文嚼字,返回来再讨论效用这一仅表现为一个词且没有科学内容,但人们又表示了自己看法的形而上学概念。

正如冈纳·缪尔达尔所指出的,效用的意识形态内容与价格类似,很奇怪都有两面性。[①]

从一个角度来看,效用理论比古典理论更有人情味。在这里,工资第一次被纳入了国民财富的范围。亚当·斯密非常喜欢考虑工人享受"富足"的情况,但对他来说,工资基本上就是一种成本,而且,一个高度富足的国家也是一个劳动力便宜的国家。[②] 在李嘉图那里,财富就是积累。对新古典经济学而言,工人所消费的商品的效用,与其他东西没有区别。

关于这一点,威克塞尔说得很清楚:

> 我们一旦认真开始把经济现象看成一个整体,并为这个整体寻找增进福利的条件,就必然会为无产阶级的利益进行考虑。而从这一步到宣告人人都有平等权利,只不过是短短的一步。
>
> 所以严格说来,政治经济学的真正概念或以此命名的科学的存在,就意味着一种彻底革命的纲领。因而这个概念之含糊,也就无需讶异了,因为一个革命纲领往往是不明确的。

---

① 缪尔达尔 1950 年在剑桥的演讲。参见《经济理论发展中的政治因素》。

② 亚当·斯密:《国富论》,第 1 卷,第 84 页。

的确，在经济发展或社会发展的目标已被我们理解清楚以前，许多实际的和理论的问题仍有待加以解决。一些事物仍然可以说是有利于旧观点的，但无论如何，应该直截了当和毫不含糊地加以陈述。例如，如果我们认为工人阶级低人一等，或者不到这个程度而认为工人阶级还不应该得到社会产品的十足的份额，那我们就应当明白地说出来，并依据这种意见作进一步的论证。只有一件事情不配称为科学，那就是隐瞒或歪曲 52
真理。这就是说描述了这样一种状况，好像他们已经得到了他们所合理希望和期待的一切东西；或相信经济发展已趋向于使他们的一切需要都达到最大可能的满足这种毫无根据的乐观信念。[①]

不仅如此，边际效用递减原理也适用于收入。正如马歇尔所指出的：

其次，我们必须考虑下一个事实：使一个穷人对任何东西付出一定的代价，比使一个富人需要有较强的动力。对一个富人而言，一先令所衡量的愉快或任何满足，比一个穷人为小。一个富人对是否花一个先令只买一支雪茄犹豫不决时，他所考虑的种种愉快较一个穷人为小，而这个穷人却在考虑是否花一个先令去买可供他一个月之需的烟草。每年有300镑收入的职员，下雨时坐车去上班，而每年只有100镑收入的

① 威克塞尔：《国民经济学讲义》，第1卷，第4页。

> 职员，在雨下得更大时，仍然步行上班。因为乘电车或公共汽车的费用所衡量的利益，对穷人比对富人为大。穷人如果用掉了那笔车费，以后他将因缺少这笔钱而受到较之富人的感受为大的痛苦。在穷人的心目中，车费所衡量的利益，比在富人的心目中所衡量的为大。[①]

从这一点来看，如果没有更为根本的干预经济体系的手段，放任因商品分配的不公平而使商品的效用凭空消失，就证明了工会和累进税以及福利国家这类公平原则的正确性。

但从另一方面看，**效用**的重点就是证明自由放任的正确性。每个人都必须按自己的意愿自由地花费自己的收入，一旦他将每
53 一先令的**边际效用**均衡地花费在每种商品上，他就获得了最大的
利益。在完全竞争条件下，对利润的追逐会使得生产者必然让边际成本与价格相等，并从现有的资源中获取最大可能的满足。

这是一种终结各种意识形态的意识形态，因为它彻底排除了道德问题。对每个人来说，唯一需要做的就是获取利益的自利行为。

事实上，这一概念已经追溯到了亚当·斯密(或许是追溯到亚当)。《国富论》的中心思想是：

> 个人为改善自身境遇自然而然地、不断地所作的努力，就是一种保卫力量。能在许多方面预防并纠正在一定程度上是

① 马歇尔：《经济学原理》，第19页。

> 不公平和压抑的政治经济的不良结果。这种政治经济，虽然无疑会多少阻碍一国趋于富裕繁荣的发展，但不能使其完全停止，更不能使一国后退。[①]

另一段：

> 我们每天所需要的食物和饮料，不是出自屠夫、酿酒师或烙面师的恩惠，而是出自他们自利的打算。我们不说唤起他们利他心的话，而说唤起他们利己心的话。我们不说自己有需要，而说对他们有利。社会上除了乞丐以外，没有一个人愿意全然靠别人的恩惠过活。[②]

亚当·斯密没有觉得“人性中的自然倾向……即互通有无，物物交换，互相交易的倾向”[③]特别值得赞美，反而在话里话外彬彬有礼地透出一丝憎恶——但事情就是这样，这是国家繁荣昌盛的基础，只有从束缚中解放出来才能充分地发展（或许这是因为他从来没有回答过曼德维尔从内心里想获得的答案）。

由于新古典经济学在这个问题上走了极端，新古典经济学派 54
的有些人甚至否认当局有必要对交通应该靠右还是靠左做出决定。

当然，不折不扣地完全相信这一理论的情况非常罕见，多数学

① 亚当·斯密：《国富论》，第2卷，第168页。
② 同上书，第1卷，第13页。
③ 同上书，第12页。

者不是在这个地方有疑问就是在那个地方有意见。瓦尔拉斯认为自己是个社会主义者，马歇尔在年轻的时候也有朝这个方向发展的趋势。不过，后来社会主义者的文章让他产生了反感。[①]

威克塞尔对此心知肚明，他认为瓦尔拉斯打算对含糊的古典理论作出严格证明。

> "我们有必要证明自由竞争能使效用最大化。"这个见解事实上就是他自己研究经济学的出发点。然而，一个如此敏锐和聪明的瓦尔拉斯，仅仅因为使用数学公式表达了他认为当时自由贸易信条的拥护者们使用普通语言不能充分表达的观点，就认为他已经对他们未曾注意的地方进行了严格证明，基本上是一种可悲的看法。[②]

庇古对私人净产值和社会净产值的区分打开了一个突破口，不同意见通过这个突破口大量涌入。

尽管如此，通常注意的重点还是自由放任。

如何才能将理论的两个方面，即效用理论所示的彻底的革命性纲领和自由放任的彻底的保守意识形态，分别开来呢？

首先我们必须认识到，虽然从逻辑上说这一任务表现出难以克服的困难，但从神学意义上说这一任务其实又非常简单。经济学家的学生虽然不是大笔财产的所有者，但整体而言并不属于因

① 见本书第55页(译按：指原书页码，参见中文本边码。下同)。

② 威克塞尔：《国民经济学讲义》，第74页。

为不平等而受到损失的社会阶层。而且，那些有社会主义倾向的 55
人一般而言反对将整个问题张冠李戴。研究这个问题的学者实际上也准备安慰一下自己的社会良知。

这种方法之所以抵消了这一理论中平等主义因素的作用，主要是因为效用最大化的研究已经从效用转向了物质产品。平均分配的较小的总物质产品，可能比不平等分配的较大的总物质产品具有更大的效用。但如果我们密切关注的是总物质产品，我们很容易就会忘记效用。马歇尔通过对实际国民收入的考察，纠正了自己的社会主义倾向：

> 我曾有社会主义的倾向，后来由于穆勒1879年在《双周评论》上的文章而得以强化。因此十多年来，我不断反思与“社会主义”一词相关的看法，这些看法如果不是世界上最为重要的研究课题，起码对我而言是最为重要的研究课题。然而，社会主义者的文章远离现实，所以，这些文章基本上像当初吸引我那样让我感到反感。部分由于这个原因，我决定在对此问题深思熟虑之前，不再谈论这个问题。
>
> 现在，我的年龄告诉我，我可以用来思考和发言的时间已经不多了，我也已经看见了工人阶级的能力在各个方面都有了不起的发展，因此而产生的部分结果是，社会主义计划比穆勒写作的时代具有了更为广阔和坚实的基础。但是，社会主义计划甚而是先进的社会主义计划，没有为高技术企业和有一定能力的个人提供足够的生存费用，也没有做到让企业厂房以及其他物质生产工具快速增加，以便使体力工人实际收

> 入的持续增长能够与他们近几年的增长一样快，即使是在这个国家的总收入由所有人平均分配的条件下，也是这样。[①]
>
> ……
>
> 在过去十五年中，西方世界人类本性的平均水平有了迅
> 56 速提升。但在我看来，那些在迈向理想而完美的社会组织之遥远目标的进程中已经有了实际进步的人，是将自己的精力集中在某些具体的难题上，而不是尽力甩掉这些难题。[②]

马歇尔晚年，思想的日臻成熟使他能够反复讨论自己二十年前的文章：

> 在每个时代，社会目标都会呈现出新的形式：但所有的形式都基于一个基本原则：即进步主要取决于为增加社会公益而最坚定地（不仅仅是最大的）利用人性之力量的程度。关于什么才是真正的社会公益还存在一些疑问，但这些疑问还不足以损害这一基本原则的基础。不过，这里一直存在一个根本的一致意见，即社会公益存在于产生永无餍足的幸福的健身运动和工人能力的开发之中，因为社会公益能够维持自尊并因希望而得以持续不息。成功利用鼓风炉废气的成就感根本无法与为公共品工作而产生的愉悦感相提并论，也无法与激励各阶层的人采用其他方式为公益做出努力，而不是用胡

① 马歇尔：《产业与贸易》，第 vii 页。

② 同上书，第 664 页。

> 乱花钱的方式显摆自身的势力相提并论。我们要用暖人心扉的同情之心来鼓励精工细作，鼓励发挥主观能动性，并对真正理解这一点的人表示感谢。我们需要把消费转向增强消费者力量之路，促使生产消费品的生产商提供最佳品质的消费品。我们承认有些并不尊贵的工作还要有人去做，但我们要使用日渐增进的知识和世界的物质资源，将这类工作减到最小范围，根除败坏自身名誉的生活条件。人类的生活条件不可能突然得到大的改善，因为人形成了他的生活条件，一如生活条件塑造了人。人本身不可能发生迅速的变化，但他一定会坚定地走向人人都会拥有高贵生活机会的遥远目标。[①]

与这一思想相关联的是要辨明不平等，这是因为只有富人才 57
储蓄，所以不平等是资本积累的必要条件的理由。从某种程度上看，这种说法虽然表现出古典经济学家的精明，但却一直是以较为温和的形式呈现出来：不平等可能在很大程度上依赖于增加可供分配的总额，所以即使是最少量的分配额，也大于平均主义制度下的分配额。我们过去常常得知，收入再分配实际上并不能显著增加每个人的收入。

我们能感觉到所有这些说法都比较讲究实际。这里唯一让我们感兴趣的是通过一套简洁的戏法，效用理论的平均主义道德在我们眼前消失了。

回避效用理论的平均主义道德的另一种方法就是坦率地承认

① 马歇尔：《产业与贸易》，第664、665页。

平均主义道德，但是却将它与分配问题严格分开。这一方法仍然提出了运用的问题，但假设分配（比如说通过税收和补助金制度）可以解决这个问题，这样就能显示出自由市场能够带来最大满足。当然，没有人会认真对待税收和补助金问题，或者说，如果将收入少量且定向发放给个人而不看他们的工作成果，我们研究一个依赖于货币刺激的经济体系如何运作，或者，在没有人获准以高于平均水平的水平保有他为了自家的利益所获得的利润的时候，利润动机如何发挥作用。

在所有仍然在讲授并仍以鲜活细节进行精心阐述的分析中，道德评判这一概念的要旨被排除在外，整个分析过程的推进是一种纯逻辑过程。道德含义的概念与这一领域实践者的行为并不一致。

不管怎样，所有的经济学家照样都是人，所以并不能使自己摆
58 脱人的思维习惯。他们的思想体系充满了道德情感。那些久居芝兰之室闻惯了芬香之气的人，已经失去了判别芬香的能力。面对局外人对这种缺乏生气之情况的抱怨，局内人则愤愤地回答说："你的感觉是你自己的事情，我们要的是不偏不倚、科学而合乎逻辑且不带任何价值评判的东西。"

新古典体系潜意识里主要关注的是如何将利润提升到与工资的道德体面相同的水平。劳动者应得其报酬，资本家应得什么呢？古典学派将剥削看成是一国财富之来源的冷静态度已经被抛弃。由于工人没有财产，在自己的劳动成果出现之前无法维持自己的生活，所以没有必要将资本看成是预付工资。在某种程度上，资本等同于时间的等待，它通过一个较长的妊娠期生产出了一个额外的产出。由于资本具有生产性，因此资本家有权获得自己的一份。

又由于只有富人才进行储蓄，所以不平等已被证明是正当的。同时，当前这个彻底的革命性纲领已经转变为纯福利理论中的闲置环节。

2

新古典经济学体系有两个截然不同的分支，每个分支都有自己的分析模型，都有自己别具一格的缓解道德质疑的药方。

今天，已经没有人太过强调二者的不同了，而且这一不同也常常被人忽略。比如说，熊彼特在其巨著《经济分析史》的评论中就说过，马歇尔理论的核心与瓦尔拉斯提出的体系差不多。[①]

事实上，他们对资本供给的考虑存在根本的差别。对瓦尔拉 59
斯、杰文斯以及奥地利学派的威克塞尔（或许还有罗宾斯勋爵这些将如何在不同用途之间配置稀缺资源视为经济学核心论题的人）来说，很自然会将生产要素的供给视为给定的已知条件。每种具体要素的使用者都希望将自己产品的成本最小化，使自己的回报最大化。每种具体的要素都希望在使用中使自己的收入最大化，而每位消费者都希望使自己的消费**效用**最大化。均衡状态意味着，体系内每一个体都尽全力，为自己做到最好，所以没有人再有移动的意愿。（那些为了改善自己的状况而聚集的群体，则明显违反了这种规则。）在这种情况下，每个个体可获得一份由他所提供的那种要素的边际生产力所决定的收入；同时，边际生产力则由相

① 熊彼特：《经济分析史》，第 837 页。

对于需求的稀缺性决定。在这里,“资本”与所有其他要素一样,也是一种要素,劳动与资产之间的区别,也从我们面前消失了。使用代数非常有助于整个问题的解决。X 与 Y 之间的对称关系稳定而且和谐,轻而易举就完全抹掉了与“资本和劳动”的关系发生瓜葛的所谓对立关系。生产要素产品分配制度的表面合理性,掩盖了各章之间要素分配的随意性。

马歇尔的体系则截然不同。在马歇尔的体系中,生产要素并不是简单给定的,生产要素有供给价格,对生产中具体使用的一定量的要素,也有一个确定会获得的要素回报率。价格并不是成本,价格用于度量成本,即工人和资本家的努力和牺牲的成本。当然,工人的努力就是指工作,资本家的牺牲则是**等待**。这种分析没有
60 注意土地的实际成本,也没有对租金进行道德辩护(不过现在对土地进行国有化已经太迟了,而且一个恰好投资于房地产的资本家也像别人一样需要**等待**)。

但是这一体系也没能成功地完满展现自己的思想。由于理论的整个重点不依赖于理论体系的结构,而是依赖于现在已经成了讨论的唯一主题并用无穷多的细节武装起来的相对价格理论之内在作用,所以理论中的矛盾之处可以忽略过去(或者看成一种不久以后就可以找到答案的理论难题而暂时搁置起来)。

第一个体系的缺陷是没有为资本利润率和融资利息率给出计算方法。给定的要素是按某种具体形式给定的:比如资本由机器和存货组成。在市场均衡条件下,每部机器都有自己的租用价格,该价格由机器协助生产的具体商品的需求决定。如果存在资本利润率均等的趋势,那么一般而言,一定是因为资本家可以将要素从

产生较低租的具体形式转换到产生较高租的具体形式的结果。不过，这不是说具体要素的供给是给定的，而是说“资本”的量是抽象的。资本的形式发生了变化，“资本”的量依然如故，这是至今未能破解的一个谜。

其实，马歇尔将自己置于另一个进退维谷的境地。利润作为等待的供给价格，自然有助于对一定的利润率将导致一定的积累率作出解释。保持增长需要有一个正常的预期利润水平，在竞争条件下，如果出现了高于正常利润率的利润率，马上就会引来更多的投资者，因此就会摊薄正常水平的利润，所以反过来又会导致预期利润率低于正常水平。由此，利润率的此消彼长有助于在体系 61
内维持一个均衡水平。但马歇尔缺乏的是与资本存量而不是与积累率相称的利润率。土地、劳动和等待都是生产的要素，地租、工资和利息则是各自的回报。不过，由于资本存量已经被看成了加诸工人“努力”之上的“牺牲”，所以实际上已不能用来说明问题。马歇尔模糊了这一概念，而且自那时以来，这一概念就始终处于朦胧状态。

正是庇古教授用静态均衡模型调和了新古典经济学理论在积累完成时的两个方面。对于拥有按购买力计算的任意财富量的资本家来说，作为食利者，他们想要一个与他们的未来消费边际贴现率相符合的特定利息率。给定现有财富的量，较低的利息率会使他们增加消费，较高的利息率会使他们增加储蓄。在这种情况下，还有一个作为企业家的资本家愿意使用体现为特定量的财富的具体资本存量所带来的利润率，一个由资本边际生产率所决定的利润率。只要资本存量达成了这样的条件，即代表资本供给价格的利息率与代表资本需求价格的利润率相等，均衡即已存在。在此背景下，瓦尔拉斯方程组才适得其所，才会有独特的价格模式和数量分析模型，相互之间的压力能使整体保持平衡。

这种分析方法的逻辑结构具有一定的魅力。它让那些不具有数学背景的人也可以捕捉到知性之美的妙处，这是对他们的意识形态功能的巨大支持。面对这样一个优美的体系，只有庸人才会抱怨说，对积累完成时终极静态的考虑，无助于我们解决今天的问题。

62

3

在某一点上看，自由放任学派有一个明确的政治纲领。这一点，可以从他们大力倡导自由贸易看出端倪。事实上，这也是政治经济学一直以来的核心思想。亚当·斯密针对重商主义的主要观点延续了重农学派的思想。李嘉图的地租理论则导致了谷物法的废除。对于新古典学派来说，信奉自由贸易成了一名经济学家的标志，保护主义者属于不懂规律的少数派。

自由贸易的情况与个人追逐利润的普遍情况基本上相同，尽管从李嘉图的比较成本理论开始，追逐利润已经以若干不同的面目出现。它展示出一种均衡状态，即整体而言，竞争可以使这个世界用给定资源生产的效用最大化。

但对于政治家和选民来说，世界福利总的来说还是太少。保护主义的观点固然可以让一国获利，但却以损害其他国家的利益为前提，公众或许会说："只要能使我们自己获益，我们就这样干吧。”不过按照精明而实际的古典方式，自由贸易也无法充分证明它会使英国获益。它必须表明，在自由贸易条件下，每个国家的情况都会更加富裕，这样才能问心无愧地在世界范围内传播这个理论。保护主义者则成了为了特殊利益而进行院外游说的说客。关税可能会有益于某一种贸易，但对经济其他方面产生的危害，可能甚于受保护部门带来的好处。（由于对将效用加总起来并进行相互比较的难处有所顾虑，人们放弃了在这个问题上的价值评判。价值评判的作用是用来与国内事务的危险思想做斗争，而不是用来在暗中破坏自由贸易思想的逻辑基础。）

一点不错，对关税的需要主要出自于议会而不是其他地方，但 63
要说不可能为保护主义找到一个好的民族主义观点，也不太合乎实际。

我们来看一下新古典学说是如何规避这个问题的。新古典学说提出了一个国际贸易纯理论模型，模型中每个国家都有给定的人口、给定的自然资源、给定的资本存量和技术水平，因此每个国家处在一种静态的状况下。进口值等于出口值意味着达到了国际均衡。充分就业和完全竞争是理所当然的前提条件。与孤立条件相对的贸易利得，则根据这一模型展示出来。

在现实生活中，各国诉诸保护主义的一个原因，可能是为了增加国内就业。在国际贸易纯理论中因为没有讨论这一问题的空间，所以视充分就业为已经达成的条件。（实际上庇古也承认，在某些情况下，征收关税可以缓解因失衡而引发的失业状况，但他却靠引用西奇威克的观点在分析中推导出一个明确的结论为自己作了辩解。尽管这一理论指出了保护主义在某些情况下可能是在做好事,但人们不能放心地将这一选择正确立场的棘手任务,交到政府的笨拙之手中。[1])

再者,一国可能会采用削减进口的方式来纠正国际收支失衡。但在国际贸易纯理论中,有一个通过黄金流动运行的机制,这一机制会调整价格,所以,进出口会保持平衡。

还有一个发展国内产业的问题,发展国内产业可以改变外国生产商暂时以低价销售商品的状况。在这里,我们不可能阻止一般性常识的介入,"幼稚产业"是一个例外。然而,所有这些说法都装在一个贴着"收益递增"标签的空盒子里,任何提出幼稚产业地
64 位的人都有非常可疑的动机,不过这种思想,即保护主义总的来说可以促使后进国家产业发展的思想,从来没有消停过,这一思想今天已经成了老生常谈。

即使如此,在排除掉全部有意思的问题后,我们也不能为自由贸易可以使每个国家获益的思想给出充分的理由。这一分析的缺陷在于忽略了普遍的完全竞争假设前提的涵义。很显然,任何一群卖者都能通过正常的、保持价格的一致上涨而不是通过利己的竞争,为他们自己谋到更好的结果。他们可以用较少的贸易量,获取每单位产品更多的利润,与此类似,任何一个在模型中处于均衡状态的国家,相对于进口而言,用高价出口较少的贸易产品,或许比在自由贸易条件下的收益更多。这个思想是比克代克最近在批评埃奇沃思的图解分析的一篇名文中提出来的。埃奇沃思不得不同意这一观点,并对纯自由贸易的主张进行了纠正,提出了小额关

① 庇古:《公共财政研究》,第209页。

税或许会使国家受益的观点。[①] 这一"小额"关税与垄断具有相同的涵义，都是在竞争价格基础上做点"小额"增幅。报酬最多的价格并不是最高价格，最高价格或许会使销量减少，但前一种价格可以使每单位售出产品产生最高倍的利润。

这是对自由贸易主张的严重破坏，但这是怎么分析的呢？我们只是没有注意这一观点而已。比克代克的这篇文章现在已经广为人知，因为阿巴・勒纳在20世纪30年代重新发现相同观点，这篇文章才被挖掘出来，[②]但这篇文章已经埋没很长时间了。在一部已被遗忘却代表了新古典思想发展低潮的著作中，这个问题是 65
这样分析的：

> 一个极具理论意义的观点是，一国的可能优势会因为实施关税而转向有利于本国的贸易条件（即相对于出口的较低进口品价格），从而可能获益，本书没有列出关于这一观点的更多参考文献。对这一问题感兴趣的人可以在瓦伊纳教授1934年2月7日在《国家和阿忒纳乌斯》(*Nation and Athenaeus*)上发表的"关税问题与经济学家"一文中，找到对这一问题的简单阐述和回答。（雅各布・瓦伊纳教授的结论是）"就我所知，从来就没有经济学家主张，在可以设想的条件下，任何国家因实施保护主义而从贸易条件的有利转变中所获利

① 埃奇沃思：《政治经济学论文集》，第2卷，"比克代克的前期税(incipient tax)理论"。

② "图解国际贸易的代表性需求条件"，载《经济学》，1934年8月号。

> 得，可能等同于本国生产性资源的非经济性配置所带来的损失。”①

当然，这里的关键在于，在 1914 年之前的世界，大英帝国拥有一切来自于因其他国家实行自由贸易所获得的重大利得，而本国在主张自由贸易中造成的损失则小到可以忽略不计。但由于失业和英国贸易收支的长期疲软因战争而突然恶化，才使经济学家注意到某些情况已经发生了变化，战前延续下来的理论信任感才慢慢消失。

马歇尔这个老滑头非常明了，这只是一个国家自身利益的问题：

> 在承认亚当·斯密的领导地位的同时，德国经济学家首先被他们所认为的那种岛国褊狭性和李嘉图学派的自信所激怒。他们尤其不满的是英国自由贸易主义者所作的那种假设，即就一个像英国这样的工业国家所确立的命题可以原封不动地搬到农业国家去。李斯特的卓越天才和爱国热忱推翻
> 66 了这个假设，并指出，李嘉图主义者很少考虑到自由贸易的间接效果。就英国而论，忽视了自由贸易的间接效果，也为害不大；因为它们基本上是有益的，并从而扩大了直接效果的影响。但是他指出，在德国，尤其在美国，自由贸易的许多间接

① 威廉·贝弗里奇爵士等：《关税的案例研究》，第 14 页脚注 1。

> 效果是有害的;他认为,这些害处超过它的直接利益。[①]

但从思想史来看,出现于《经济学原理》附录上的这一思想相当乏味,极少有马歇尔的学生意识到,他如此轻率地提出,自由贸易对我国有益,但可能对别国没有这么大的益处的论点。

4

效用的数学化似乎使经济学作为一门真正的科学学科具有了全新的开端。李嘉图惯于使用数学,但他不懂代数。对于杰文斯来说,数学则非常重要:

> 很显然,经济学如果是一门科学,那它一定是一门数学的科学。当前,对于尝试把数学方法和数学语言引入精神科学的各个领域,存在很多偏见。大多数人似乎认为,物理科学是使用数学方法的适当领域,精神科学需要的是另外的方法,是什么我不知道,但我的经济学理论具有纯数学的特征。
>
> 我不清楚什么时候我们才会有一个完美的统计学体系,但缺少了统计学体系,就为政治经济学成为精确科学的进程设下了一个不可逾越的障碍。[②]

① 马歇尔:《经济学原理》,第767页。

② 杰文斯:《政治经济学讲义》(初版),第3页。

67 力挺此主张的是埃奇沃思。幸福是可以度量的二维的量，两个维度是强度和时间，这也是在两个方向上最小可知增量的单位。为最大多数人谋求最大福祉的功利主义原则需要对不同个体的幸福进行加总，埃奇沃思认为这不是难题。

> 使用什么单位才有可能进行比较？在这里我认为：任何个人在 1 单位时间内对 1 单位愉悦的体验，就“计为一”。效用有三个维度，极大的效用是指在它具有更多的强度一时间一数量单位时，“大量的愉悦”大于其他感觉的愉悦。第三个维度无疑是个不断发展的新增单位，还远远谈不上已发展成熟。
>
> 回顾这三个维度，我们不认为第三个维度有什么特别为难人的地方。它就是一个统计数字的问题。第二个维度则是精准的问题(affair of clockwork)：假设我们感受到的时间的主观度量和客观度量之间的分别微不足道。但是，第一个维度与每一最小感受单位相同，具有一定的目标范围确实很难体现出来。愉悦的氛围就不容易进行对比和识别，就像是深深印在半意识范围内的刚好可感知的内核，比沙漠更遥远，比流水更无形。
>
> 我们无法为生命的金沙计数，也无法数清爱海中“无尽的微笑”，但我们似乎能够观察到大量的愉悦和幸福，可以观察到这里很多，那里较少，这就足矣。①

① 埃奇沃思：《数学心理学》，第 8 页。

这似乎具有了最坚定的平均主义倾向，但埃奇沃思成功地对此进行了规避：

> 效用计算的核心概念就是最大福祉，即在全部时间内所有能感知到的愉悦的最大可能总和。运用数学推论可以部分证明西奇威克先生的说法，即人的最大幸福就是人类行为正当而适当的目标，部分还可以对中间公理（middle axioms），即有助于实现目标的方法进行推论。这种推论具有一种非常抽象或许是否定意义的特征，否定了平等一定寓于功利主义之中的假设。因为如果人们感知幸福的能力不同——在同样 68
> 的条件下，具有一定感知能力的人，一般来说会比其他人体验到更多的愉悦（比如说想象力和同情心）以及更少的痛苦（比如说疲劳感）——不事先设定同等条件是最能带来幸福的安排，当效用计算涉及后代子孙的利益时，尤其如此。[1]

人们常常认为这种例外条款非常有用，但严格说来，这里却露出了马脚。度量单位意味着它是一个对每个人来说都相同的公认准则。而深植在个人主观意识中的度量单位，根本不是一个单位，幸福的单位与李嘉图的绝对价值或马克思的抽象劳动一样，都是同一类幻想。

这种伪数学今天仍然大行其道。效用计量法久已不见踪影，但建立一个具有“资本”数量的模型的情况仍然较为普遍，而且对这一所谓的量的含义也从来没有任何说明。就像过去借用图形来

① 埃奇沃思：《数学心理学》，第 vii 页。

分析效用就可以规避赋予效用操作意义的问题，赋予“资本”量操作意义的问题也可以通过把它纳入代数而得到规避。所以，K 代表资本，$\triangle K$ 代表投资。那么，K 是什么呢？为什么 K 就是资本呢？这一定还有其他含义，现在我们继续往下分析，不必操心那些要我们回答其含义、矜矜以学者自居的爱管闲事的人。

尽管有这些遗留的坏习性，经济学仍然从边际主义者引入的学科门类中获得了最大利益。

从严格意义上讲，没有什么价值的形而上学概念又一次对科学做出了一个贡献。经济学分析方法是一种定式思维，对掌握这一分析方法的人来说，这只是一个常识。不过，经济学家只在与不具有这种思维方式的人进行争论时，才对此有所体会。利特尔先生曾经描述了他在白厅的经历：

> 69 在我成为经济顾问之前，我很难理解经济学家的用途（除了极为有限的几种用途之外）。在我看来，实用思想（applicable ideas）的基本框架极其简单而且有限定性，任何一个考虑经济事务的正常人在思考问题时都会具有这种思想，根本不需要进行正规训练。人们一旦偏离了这一限定性很强的思想主体，经济学理论就不适用了。至于那些真正专业的预测方法——任何明智的经济学家都将其视为经济学方法的探索性运用，而不是某种值得在实践中信任的东西……
>
> 我在白厅的经历治愈了因为人的主观自负带来的毛病。但这并不是说，经济学知识就是对经济事务提供良策的先决条件。在大学的研究班中还有很多在这门技艺中尚未崭露头

> 角的一流的实践家。但我坚信，广博的经济学理论和学术探讨（以及对经济数据的掌握和对现代经济史的熟稔）极有助益，比拉丁文和逻辑以及古代史都更有助益……
>
> 经济学理论告诉人们经济学各变量之间是相互关联的，告诉人们这些变量的复杂性以及变量间的相关性。非经济学人士似乎有些不切实际，他们离现实世界过于遥远。所有人思考经济问题都会依凭某种理论，因为各种数据和关系都过于复杂，难以井井有条，都需要梳理清楚。但如果理论工作者没有受过训练，他就会倾向于构建一种非常偏颇的理论，因此会对某些可能性视而不见。或者，他会依赖于从某个地方找到的某些古老的或过于简单的理论。我相信，他也会幼稚地对过去的事情做出解释。发生于其后者必然是其结果（*post hoc*，*ergo propter hoc*）并不是令人满意的经济学解释。有时候，白厅提出的那些极不可靠的经济分析，言之凿凿，其幼稚颇令我惊愕。①

然而，新古典理论体系有一些毫无意义的成果。杰文斯意气风发地开始了统计调查，但几乎没有理论家以他为榜样（虽然实际研究中做了很多工作，但没有惠及理论）。像帕累托所谓的分布规
律或经济周期规律这类统计归纳，都不是源于经济分析的核心问 70
题，都需要用一些具体的理论对其进行解释。

克拉潘教授取笑新古典理论统治地位终结时的经济学说：

---

① 《白厅的经济学家》，载《劳埃德银行评论》，1957 年 4 月号，第 35 页。

我们可以勾画出一位在英国名牌大学受过良好教育的经济学家走访一间帽子工厂的场景。在他走进去商店的第一间房间里，搁架上放着装了帽子的盒子，他心里面装的也是盒子。他心里面装的是一排排贴上了标签的盒子，上面写着报酬递减行业、报酬不变行业以及报酬递增行业的字样。在这之上还有一排蒙有尘土的盒子，上面的标签是，报酬递减行业的垄断（有三级歧视）、报酬不变行业的垄断以及报酬递增行业的垄断。在最上头，他还可以看到贴着这种标签的盒子：报酬递减行业垄断企业的税赋，等等。他明白，这些盒子在某些经济学家已经认可的精神家具中并不显眼，但他已经从自己老师那里得到这些家具了，他也看见他的朋友已经灵巧地掌握这些东西了。而且，根据他本人的所见所闻，他想不起在什么场景中有人打开过盒子并带着权威和自信说道："报酬不变行业，长统袜；报酬递增行业，帽子。"或者说过任何类似的话语。他也无法想象在一本讨论产业的专著中可以有效利用回报律对生活中的话题进行评价。或者他本人也会尝试撰写一本小小的专著，并且想起因为缺少智慧而无法利用这些概观，以及如何没有人为此责备过他。

他记得当他回到家，就从书架上取下《产业与贸易：工业技术与商业组织研究》一书，书有几近 900 页之巨，充满生活的话题。关于报酬不变有两条附注——一条为脚注——关于报酬递减和递增也有少量附注，但没能找到这些概念与英国、法国、德国和美国的产业数据的紧密关系，而英法德美诸国的产业数据在这本书中非常之多，但也仅此而已了。他努力翻

> 看《福利经济学》，在将近第1000页的地方才发现，没有任何
> 一个实例说明哪个产业应该放在哪个盒子里，虽然许多讨论
> 都是这样开头：“一旦报酬递减的情况占了主导地位”或“一旦 71
> 报酬递增的情况占了主导地位”，就好像每个人都知道一旦怎
> 样就怎样。①

我认为造成这种毫无结果的现象主要有两个方面的原因。

第一，我们这里讨论的问题实际上无关紧要。人们推崇的政策是自由放任，因此毫无必要对如何无所作为进行详细的阐述。税收的基本原理实际上出自马歇尔的分析，但税收是用来对政策进行解释，而不是为政策开处方。无弹性需求的商品因为带来收益，所以在任何情况下都要上税，马歇尔关于消费者剩余的观点对此没有增加任何说明。至于庇古税和补贴，如果有人要认真地对此加以分析，他会盼望找到报酬递增和报酬递减行业，（就像克拉潘所指出的那样）还没人在做这样的事情。

除了主张自由贸易以外，由自由放任理论的核心内容所引发的实际问题（与偶尔从时事中提出的各种五花八门的问题相反），没有太多可以说道的地方，正因为它唯一关心的政治是非建设性的，所以这一理论在利用实际数据发展操作性概念方面，没有什么进展。

新古典经济学如此脱离现实的第二个原因在于，该理论中均衡概念起主导作用。与经济学神学相反，经济学理论的作用就是

① 《空经济盒子》，载《经济学杂志》，1922年9月号。

提出可以经受检验的假说，但如果这一假说是根据各方都有正确的预见，因此各方肯定会达于均衡这种情况而构建的话，对这种假说进行检验就没有必要，因为我们早就知道，我们无法证明假说的正确性。均衡的主导作用因这样的事实而得到谅解，即任何时候整体运动和各部分的相互作用都过于复杂，因此很难纳入一个单
72 一模型。从纯学术原因看，也有必要在简单的动态模型与复杂的静态模型之间作出选择。但选择静态模型并不是巧合，自由放任意识形态所支持的均衡的平滑协调性以及思想的复杂性，使我们一直忙碌不堪，以致没有时间考虑危险的思想。

四 凯恩斯革命 73

凯恩斯的同侪和前辈中某些人不喜欢“凯恩斯革命”这一表述。他们认为,《通论》的内容并没有新到可以使用这一表述的地步。① 所有的理论当然都能在马歇尔那里找到,即使《通论》的内容也不例外。但我们从著名的1929年白皮书②(新古典理论发挥作用的一例)中已经明白了马歇尔的这位进入财政部的学生所信仰的东西。在当年的大选中,劳合·乔治的竞选口号即是承诺通过公共工程计划,消除一直持续在10%以上(后来上升到20%)的失业。财政部则被要求(从宪法的观点看这并不恰当)对不可能做到这一点的原因进行说明。财政部的观点很简单。既然储蓄总额已定,如果国内投资增多,国外贷款以及随之而来的出口盈余就将相应减少,所以对整体经济不利。③

这种说法在今天看来似乎荒唐可笑。我们现在没有必要重复大家耳熟能详的有效需求理论苦战取胜的故事;我们这里考虑的只是新的思想路线与我们正在讨论的主题的相关性。

---

① 他们若是对笔者说这番话,恐怕底气非常不足,因为我是拜他们为师学习前凯恩斯学派正统经济学的。

② 《关于解决失业问题的建议的备忘录》,敕令书,3331号。

③ 前引,第47页。

1

首先，凯恩斯恢复了古典理论中讲求实际的某些方面。他将资本主义制度看成为一种制度、一家持续经营的企业、历史发展的一个阶段。有时候，他胸中充满对资本主义的愤怒和失望，但总的来说，他赞同或至少觉得值得花费精力对其进行修补并使之运行良好。与亚当·斯密一样，他的辩护也是以权宜为基础：

> 在我看来，资本主义若能加以明智的管理，与我们迄今为止所看到的任何别一制度相比，的确能够更加有效地实现经济目的。不过，就这一制度本身看来，有许多方面是极端要不
> 86 得的，是应当反对的。我们的问题是，如何努力设计出一个社会组织，与我们所满意的生活方式的观念既不致发生抵触，而效能则可以尽可能地提高。①

第二，凯恩斯恢复了被自由放任理论废除了的道德问题。在剑桥，事实上从来没有人教过我们说，经济学与价值无涉（*wert-frei*）；或者说，经济学可以严格区分为实证经济学与规范经济学。我们知道，搞研究是为了出成果，为了出人头地，但自由放任的麻醉作用即使在剑桥也极为有效。马歇尔确实是一位伟大的宣道者，但道德总归会显露出它几乎是最好的本来面貌。庇古则根据自由放

① 凯恩斯：《劝说集》，第321页。

任保证最大化满足之规则的例外情况，提出了他在《福利经济学》中的观点，但他并没有质疑这一规则。不过为了在最可能产生效益的用途之间进行资源分配，他需要在很多地方进行重新调整。虽然产品分配的不公引发了质疑，但它们很容易就被指为是乌托邦空想。正如我们所见，哪怕不怎么喜欢利润动机的凯恩斯（在 20 世纪 20 年代）也认为，它提供了一种比其他任何“看得见”的经济运行机制 75
更好的机制。但保留意见是，它并不必然能使资源物尽其用。

20 世纪 30 年代，大部分资源都被闲置，凯恩斯将此情况诊断为资本主义机制的高度失灵，并因此对每个人让自己获益就是在为公共福利做好事的自得规则增加了一种例外情况，这一例外完全破坏了追逐个人利润与公共利益之间的和谐局面。凯恩斯指出，资本产生回报不是因为资本的**生产性**而是因为资本的**缺稀性**时，为利润进行辩解的复杂的形而上学理论结构便遭到破坏。[①]更糟糕的是，将储蓄视为失业的根源则是对将不平等收入视为积累之来源的致命一击。

《通论》让人如此难以接受的原因并不是《通论》的学术内容（全书的冷静基调让人容易掌握其学术内容），而是《通论》振聋发聩的意义。比将私人恶德看成公共福祉更糟糕的是，新的学说似乎对原有主张破坏力更大，即他认为，私人（勤俭持家的）美德就是公共恶德。

我们现在已经明白了这一理论路径，在任何情况下，人们一旦希望维持充分就业，从公众的观点看，储蓄就比支出更为可取。储

① 凯恩斯：《通论》，第 213 页。

蓄唯一的缺点出现在投资无法利用储蓄的时候。但同时，凯恩斯似乎也认可并支持一种“放纵堕落的体系”，这一体系比亚当·斯密眼中曼德维尔的“放纵堕落的体系”更令人生厌。当然，与曼德维尔一样，凯恩斯也是个令人生畏的捉弄人的高手，不喜欢给他的酸药丸裹上一层糖衣。越烦人的事他做得越欢实。

76 由于《通论》让人不再相信自动调节机制可以使相互冲突的利益转为一个和谐的整体，因此《通论》揭示出新古典经济学力图掩饰的选择和评判问题。这种意识形态终结了诸种已经瓦解的意识形态。经济学再次成了政治经济学。

第三，凯恩斯在经济学理论中恢复了**时间**这一概念。他唤醒了这个遭“均衡”和“完全预测”诅咒而被长期遗忘的沉睡公主，把她带进了当下这个世界。

这种做法使经济学向前迈进了一大步，离开了神学而迈向科学。现在，经济学不再需要用一种我们预先知道的形式构建的假说，这些假说不能成立。与人类实际生活于其中，且无法知道未来或取消过去的世界相关联的假说，至少在原则上要存在确立一种可检验形式的可能性。

2

虽然凯恩斯非常怀疑经济计量学（不能肯定的是，过去二十年所做的工作打消了他的怀疑），但正是凯恩斯让这一最新的统计学工作成为可能。在《如何筹措战争经费》一书中，他采用埃尔温·罗特巴特（Erwin Rothbarth）匆忙为他设计的复式记账法这种现代方式，建立了第一个国民收入账户。在他的影响下，复式记账法现在已被正式接受，得到了普遍的确认。

时间概念引入经济学理论后，经济学理论开始与历史发生联系。凯恩斯本人没有学者的顾虑，他会采用任何一种例子来说明问题，如果一个例子不合用，他总是能找到另一个例子。他也提过一些异想天开的说法，比如莎士比亚的精神只能在通货膨胀的年代才能大行其道，[1]或者，除非发生地震使重建工作繁荣起来，否 77
则无法创造新的文明。[2] 这些漫不经心的言论不过是面对分析中的自相矛盾所作的表面点缀。（凯恩斯打算在 70 岁时致力于研究经济史，我们不清楚他怎么产生了这种兴趣。）尽管凯恩斯本人并不是历史学家，《通论》却为经济史的分析调查开辟出广阔领域。从前，除了现在无人相信的黄金供给引发的价格波动的解释之外，历史和理论之间几乎没有关联。

从历史上看，我们了解到发展的主要动因是技术发明，而从理论上看，我们了解到，大多数技术的运用都依据“既定的知识状况”。发明是一个特殊的难题，即使这一难题已经得到解决，对具有不同知识状况且已达成均衡的两种立场的比较，仍会引发争论。（将经过删改的马克思思想引入了学术理论的熊彼特，他的理论体系就取决于发明而展开，不过熊彼特已经偏离了正统理论，只是在凯恩斯打破这一界限之后，他才为理论找到了位置。）我们知道，在历史上，经济制度有发展有衰落；我们也知道，在理论上，经济制度

① 凯恩斯：《货币论》，第 2 卷，第 154 页。

② 凯恩斯：《通论》，第 129 页。

有一套原则支配着鲁滨逊以及伦敦或芝加哥那些以布匹换红酒的虚构的农民生活。

从历史上看，国家具有不同的形状和大小，地理特征和社会传统也各有不同，但从理论上看，国家只有 A 国和 B 国，除了各方面的相对数量之外，两国都有相同的要素禀赋，双方用相同商品进行交易。

78 在历史上，每一事件都有其后果，问题是，如果事件没有发生，会出现什么后果呢？这是无谓的推测吗？从理论上讲，无论经济从何处开始，一种体系只能达成一种均衡状态。

《通论》冲破了这一非自然壁垒，使历史和理论重新站到了一起。但对于理论家来说，陷入时间概念并不容易。二十年之后，醒来的公主依然昏沉沉、茫茫然。

凯恩斯本人未曾停下脚步，他关于永恒乘数(timeless multiplier)[①]的说法引发了人们的高度怀疑。他那天才闪现的辩论所围绕的分析硬核，都取决于给定投资率的短期静态均衡状态的比较，尽管这一理论声称要考察投资率在某一时点的变化效应。

凯恩斯只对短期问题感兴趣(他常常说，“长期问题是大学本科生的课题”)，所以对他来说，比较不同状态结构与探究变化结果之间的区别，或许并不很重要，虽然在这一点上，他和丹尼斯·罗伯森爵士之间相互有很多恶作剧的成分。[②] 但一旦涉及长期问题，这一区别就不可或缺，那些知道如何在均衡的平滑水面上漂浮

---

① 凯恩斯:《通论》，第 122 页。

② 见 H.G.约翰逊:《剑桥关于金融理论的一些争论》，载《经济研究评论》，1951—1952 年，XIX(2)，第 49 页。

的人则发现，历史分析的必要条件让人很不自在。我们像飞落在池塘上却发现水已结冰的鸭子那样，虽然在冰面上踉跄，但仍然在向前滑行。

我们至少已经在与资本积累相关的问题上突破了静态均衡分析。我们已经懂得对投资引诱的储蓄意愿和等待的供给价格引致 79
的储蓄意愿进行区分。在其他经济学流派中，替换掉因历史发展引致的永恒均衡(timeless equilibrium)，仍然是摆在他们面前的长期而艰苦的工作。

凯恩斯本人对相对价格理论不感兴趣。杰拉尔德·肖夫曾经说过，凯恩斯从来没有在理解价值理论方面花费过 20 分钟时间。在这个问题上，他满足于丢开正统理论不管。他随身携带着马歇尔学派的行李，但从来也没有将行李完全打开，扔掉他不穿的衣服。凯恩斯革命现在只是缓慢地为自己开辟疆域。

3

进步之缓慢部分是由于知识的惰性。对于一个无法用议定的程序淘汰错误观点的学科，理论的寿命就很长。教授向学生传授他所学到的知识，而他的学生怀着对老师的崇敬和敬畏，毫无理由地抵制对老师的批评，只是因为他们是老师的学生。

我们有大量的证据证明庇古和马歇尔的情况。庇古对《通论》的评论[①]语调有些严厉和过激，且正如他后来承认的，逻辑上也有

① 《经济学》，1936 年 5 月号。

错。庇古这一表现的原因是，他对凯恩斯攻击马歇尔的方式深感伤心和愤慨。

凯恩斯其实很容易对马歇尔“宽厚点”，如果他愿意采用马歇尔对待李嘉图的方式，也就是说，让李嘉图自己来解释自己的观
80 点，马歇尔的含糊其辞反而比对李嘉图进行种种解释更好地表达了自己的观点。然而，凯恩斯（与亚当·斯密所说的诗人不同）并无恶意，因为他自信不需要外部支持，他特意挑选出马歇尔与自己最为对立的观点，对其加以肆意摧毁和嘲弄，并践踏已受到严重损伤的其余部分，只是因为他认为这是一个重大问题——具有真正迫切的政治意义，因此人们应该知道他所说的东西极富创新性。如果他客气和圆滑，如果他保持学术上的慎重和矜持，他的著作就会因无人注意而埋没，数百万遭受失业之苦的家庭就更得不到救助了。他想让这本书惹怒正统理论派，这样可以迫使他们要不站出来论战，要不仔细思索。

我敢肯定，庇古之所以站出来论战，不是因为书中的语言冒犯了他本人，而是冒犯了他对马歇尔的忠诚。

十三年后，他偶尔拿起这本书冷静地读了一遍，他惊讶地发现，凯恩斯书中的多数观点与他自己的观点相同，他的书评冤枉了凯恩斯。但他已经退休，凯恩斯也已过世，但他还是请求让他给大学生做两次讲座，以弥补他对凯恩斯做过的不公正评论。[①] 我猜想，对年轻人来说，《通论》只不过是又一部经典而已，而且，他们或许希望自己的导师没有注意他们没有读过这本书，这确实是一件

---

① 见《凯恩斯的〈通论〉：一个追溯的视角》。

不可思议的事情;对那些经历过往日这场论战的人来说,那是一个动人而庄严的场景。

这使我们有了一个格外清楚的例证,即个人情感是如何卫护旧思想而抵御新思想的。

当然,这里同样存在一个纯学术的因素。新思想因为自己的新而处境艰难。在某种程度上,重复可以填补旧思想的裂隙,掩盖其前后矛盾,这样新思想就不能深入人心了。新思想需要像凯恩斯那样强大的推土机才能开辟出一条路来。

在留传至今的均衡理论中,也存在一个心理学因素。均衡概 81
念有一种无法抗拒的吸引力,即它有一个完美的静态运行机制,一个抵消各种压力的静态均衡,以及从偶然的扰动自动平稳恢复的机制。这或许就是弗洛伊德论述的某种东西?它与我们渴望回归母体的想法相关联?我们不得不寻找一种心理学的解释,来说明在知识上不能令人满意的思想之强大影响力。

4

当然,均衡概念是一个不可或缺的分析工具。即使是马克思,也按照储蓄与投资均衡,利用“简单再生产”模型为他的积累分析扫清障碍。在简单再生产中,全部资本存货没有受到外界的影响,与庇古的“完全静态”有很多共同点。但如果使用均衡概念,人们就必须给定均衡一个适当的位置,而且,这个适当的位置严格限制在分析的初始阶段,而不是放在构建需要用事实进行检验的假说中,而我们非常确切地知道,我们不可能发现均衡状态的事实。不过，许多学者似乎都以为，长期是我们会在未来某一天到达的一个时期。或者认为，如果能证明均衡是某种真实的东西，比如进口等于出口，或利润等于正常利率，那么，从今以后的每一天都不怎么重要，都不是真的。我们举出一个以这种方式讨论问题的当代例证——据说在长期内，所有的卖方垄断都会失灵。[①] 这似乎是一种很随意的概括，但关键并不在这里。关键在于，这种观点是用来说明尽管每个阳光普照的日子里都有一帮尚未倒闭的垄断者在搜
82 寻获利机会，但垄断利润的现象其实并不重要。“长期而言，我们都一命呜呼”，但不是我们所有人都马上死去。

长期均衡就像一条滑溜溜的鳗鱼。马歇尔的意思显然是说，长期是指未来一定距离的一个范围，这是一个非常有用的比喻，但他又渐渐开始讨论均衡的状态，即向接近均衡的移动过程。因为在一个平面图形中画了三个均衡点，所以他把自己弄得一团糟。[②]

没有人会否认，说到均衡趋势的时候，均衡向均衡点的移动是一种自相矛盾的说法。但人们仍然执意这么说。正因为如此，我们必须将均衡的存在归于超越了理性的某种心理诉求。

马歇尔非常清醒地意识到，如果将永恒的概念应用于实际生活后，下结论是件非常困难的事情。正常价格是指“经济力量将会产生的那种平均价值，如果一般生活状况保持静态的时间长得足以使这些力量充分发挥其作用的话”。[③]

---

① 彼得·怀尔斯：“经过调节的卢布是合理的吗？”载《苏联研究》，1955 年 10 月，第 144 页。

② 马歇尔：《经济学原理》，附录 H。

③ 同上书，第 374 页。

丹尼斯·罗伯森爵士气愤地复述了这个观点，他认为，用批评的眼光看，这种说法纯粹不合情理，不能让人满意。[①] 但如果在某种具体条件下呈现的经济力量相互矛盾，情况会如何呢？比如说，正在进行的部分投资是另一部分得不到预期利润的投资的结果，又会怎样呢？如果有足够的时间让均衡达于均衡点，那么，是什么力量导致均衡呢？在任何条件下，“静态条件”都适用于给定的人 83
口和资本存量，或者给定的增长率或给定的增长速度吗？

就算我们可以回答这些难解的问题，就算我们已经为均衡趋于接近的均衡点给定了确切的含义，我们也有必要问一下，均衡离实际均衡点还有多远，也就是说，与正常位置的移动速度相比较，趋向于正常位置的反应要有多快？在什么情况下距离会加大？在什么情况下距离会缩短？这都是些很有意思又很重要的问题，但除非是在一些凯恩斯革命已经占据主导地位的领域，比如经济周期理论，其他不占据主导地位的领域就很少回答这些问题。一旦形成了正常的均衡位置、均衡的催眠曲，就会使进一步的探讨停止。

5

前凯恩斯理论的存在和复兴有一些次要原因，而主要原因则是我们始终是在意识形态范围内进行探索。凯恩斯打破了个人自利和公共服务的新古典和谐，将道德问题重新引入了经济学。不

① 《经济学原理讲稿》，第 1 卷，第 95 页。

过，他也暴露出另一个缺陷。他的理论中存在另一种人类生活冲突，即我们当下利益和未来利益的冲突，这种冲突与自身利益和他人利益之间的冲突类似。这是新古典意识形态回避了而没能解决的一个冲突。节俭类似于一种美德，需要自制才能做到节俭，等待就是牺牲，这一观念与这一观点相关联，即所有的财富所有人都受“当前满足”的固定消费诱因的影响，利息则是使他节制的“回报”。

由于新古典经济学对整体经济的说法总是这样不明不白，所以才使相对价格成为人们注意的中心，并使储蓄率这一关键问题
84 处于无法让人满意的状态。如果我低估未来，那么，一旦未来来到眼前，我将懊悔不迭。社会最适储蓄率就交给这帮笨蛋处理？后代子孙怎么办呢？家庭观其实是一种不牢靠的支架，因为确切地说，只有单身汉才拥有最多的可用于储蓄的余额。储蓄只是一个避难所，像马歇尔的传人非常看重的静态经济中的积累这种棘手问题，就在避难所里终结了。

在《通论》发表前的十年，凯恩斯就发表了对自由放任的悼词：

> 让我们彻底澄清一下那些时常作为放任主义根据的抽象的或一般的原则。认为个人在经济活动中一向拥有“天赋自由”，这个说法是不正确的。世间并没有“和约”，对于有所占有或有所取得的那些人，曾给以永恒权利。说是私人利益与社会利益一定互相一致，这一点并无根据，上天并不是这样来统治世界的。说是两种利益实际上互相一致，这个说法也不确。在下界并不是这样来管理社会的。说是开明的利己主义总是为公共利益努力的，这也不是根据经济学原理得出的正

确推论。况且，利己主义一般也并不是开明的；当个人各自从事于争取实现他自己的目的时，往往会过于愚昧，或过于脆弱，甚至连这方面的目的也难以实现。经验**没有**能证明，说是当许多个人组成一个社会单位时，比他们单独进行活动时，其精明干练的程度一定会差些。

因此，哪些应归政府管理，哪些应由个人自决，不能在抽象基础上决定，必须根据具体情况处理。柏克谈到这个问题时这样说："哪些是政府应当通过群众智慧来管理的，哪些是政府应当尽可能避免干涉，让个人自己来努力的；如何确定这一点，是立法中最微妙的问题之一。"边沁曾使用了现已被人遗忘但很切用的两个名词**政治事项**和**非政治事项**，来说明哪些是需要政府过问的，哪些是政府不必过问的。我们对这两者应加以区别。他还有一个假定的前提，认为政府干涉，"一般总是不需要的"，并且是"有害的"。[①]

在《自由放任的终结》一文中，凯恩斯针对积累问题这样说： 85

我还要举一个例子，那是有关储蓄和投资的。就整个社会来说，储蓄应该达到怎样的规模最为相宜，储蓄中多大的成分应该在对外投资形式下流出国境，现在的投资市场组织，对储蓄是不是沿着最有利于国内生产的路线进行分配；我认为，在这些方面都需要某种能配合理性判断的行动。关于这类问

① 凯恩斯：《劝说集》，第321—313页。

> 题，我认为不应当像现在这样在个人判断与个人利益的引导下，凭机运来决定。[1]

一旦探讨的整个问题，即可能的储蓄不能在失业中白白浪费掉，可以利用的可投资资源就成了政治事项，但看起来似乎没有留下什么非政治事项。

就主要观点进行辩论已不太可能，但凯恩斯也有怀念旧学说的时候。“《通论》可能引向的社会哲学”显然没有读者期待从本书中看到的观点那么激进：

> 我们对已被接受的古典经济学理论的批评，重点不在于找出它的分析中的逻辑错误，而在于指出，它所暗含的假设条件很少或者从来没有得到满足。其后果为，它不能解决现实世界中的经济问题。然而，如果我们的中央控制机构能够成功地把总产量推进到相当于在现实中可能达到的充分就业水平，那么，从这一点开始，古典理论仍然是正确的。如果我们假设总产量为既定的，即取决于古典学派思想体系之外的力量或因素，那么，我们对古典学派的分析并没有反对意见。我们不反对它所分析的私人的利己动机如何决定生产何种产品，以何种比例的生产要素来进行生产，以及如何把产品的价值在生产要素之间进行分配。[2]

① 凯恩斯:《劝说集》,第 318 页。

② 凯恩斯:《通论》,第 378 页。

在这一退化的王国中，自由放任仍然盛行，仍然可以以此为基地突围出去，重新占领失去的领土。正是团结在这杆旗帜下的旧式思想力量，即长期均衡的资源最优配置，使所谓价值理论和分配理论与历史时间的结合以及所谓福利理论与人类生活的结合，在理论方面进步缓慢。 86

6

在某种程度上，凯恩斯严厉驳斥了关税一定会对实施关税的国家造成危害的学说。他并没有探讨纯理论和比克代克的观点，他感兴趣的是更为简单和明确的观点，即将需求从外国产品转向国内产品的关税，有助于增加国内产业的就业。

受过最严格的法利赛教派教育的凯恩斯，一直是他那个时代自由贸易信条的信奉者。由于他自己过去的思想通常缺乏爱国主义精神，所以他在《通论》中认为自己是他打算攻击的学说的拥护者：

> 最公道的办法也许是引用我自己的文句作为例子。迟至1923年，作为古典学派的一个忠实信徒而毫无保留地接受、并相信所学到的有关重商主义的一切，我在那时写道："如果保护主义有一件做不到的事，那就是不能医治失业……保护主义有可能取得一些利益，但它们是难以实现的，从而关于后果为何，并不存在简单明确的答案。然而，某些支持保护主义的论点却以此为根据。尽管如此，宣称可以医治失业却是保

> 护主义谬论中的最赤裸裸的粗劣形式。”[①]

87 实际上，这并不是正式理论的组成部分，基于模型对自由贸易的讨论将充分就业视为当然之事，但这实际上是当时所教授的“庸俗经济学”的组成部分。

在我们援引的标志着新古典经济学思想低潮的著作中，首先提出的是，“由于限制了进口，在长期内，我们就无可避免地会减少相应的出口值”。[②]（在这个论点中，我们19世纪经济中最值得夸耀的对外投资，还没有发生。）其次，我们**可以**有出口盈余，但这应该是指海外投资而不是在自己国家投资。[③] 最后，如果打算全力解决失业问题，最好的办法就是投资于国内的房屋建筑和道路。当然，对最后那个观点我们还有很多可以提出的建议（尽管在当时的条件下，某种程度的保护主义或货币贬值，也是公共建设工程政策的必要组成部分）。但正如这篇辩论文章的作者所见，这是为中国大饥荒进行辩解：在我们自己这么多人都需要捐款的时候，我为什么应该捐助给中国来救济饥荒人口？我不会给任何人捐款。

> 至于将公共事业政策推进到什么程度，将自然的和必然的再调整过程延迟到哪一步，崇尚自由贸易的人士同其他许多人一样，也存在不同的看法，但是自由贸易的基本情况不会

① 凯恩斯：《通论》，第334页。

② 威廉·贝弗里奇：《关税案例研究》，第53页。

③ 同上书，第56页。

> 因为有一个储蓄闲置生产要素的蓄水池(standing pool)而发生变化:因为自由贸易明确指出,如果采用工会的工资政策允许的生产要素使用量和可以利用的投资与企业条件进行生产,生产的东西如果能按照国际分工原则轻易地通过交换获得,至少就可以不用在国内进行生产。①

这段话再一次说明,真正满足需要的意识形态很少有逻辑。88
对凯恩斯背叛自由贸易主张(这令壮士扼腕)的强烈反对之声表明,一种意识形态的作用能存在多久,至少从爱国主义观点来看,在英国还是最大出口国时还值得传播的这一学说,在 20 世纪 30 年代,在任何层面上看,都已很少有任何意义。

自由贸易学说是一个最显明的例证,它表明新古典经济学如何废除了学说的道德问题,以及凯恩斯革命如何促使道德问题的回归。由于比克代克的反对意见被人遗忘,马歇尔的保留意见又无人聆听,因此美德和私人利益似乎是分不开的。自由贸易不仅对全世界有好处,而且对每个人和每个国家都有好处,没有任何国家能通过向其他国家出口失业,通过恢复贸易平衡或获得价格优势而使自己获得好处。国家自身利益的政策取向是惠及每一个人,主张保护性优势的说法纯粹是一种错觉。

凯恩斯破坏了恰好纠结在一起的自私动机和利他动机,将我们猛地拉回了不舒服的现实之中。现实情况是,我的多了,你的就少了。

---

① 威廉·贝弗里奇:《关税案例研究》,第 74 页。

7

《通论》已经在它所占领的领域向科学方向前进了一大步，它还很好地说明了思想最初是以形而上学方式表达出来的这一命题。就像**效用**之于以购买力来表示的商品需求那样，流动性偏好与用利率表示的货币需求具有同样的关系，同时（像商品和购买力一样），当我们真的要确定其含义时，货币与利率本身证明是一个
89 不可捉摸的概念。基于普通心理规律的边际消费倾向的持久性，原来只是一种一厢情愿的想法，资本边际效率的真正操作性定义仍有待研究。然而，没有这些概念，《通论》很难立起来。

可以这么说，形而上学在这里没有留下太深的印迹，因而消除这个印迹非常容易。《通论》中最具意识形态意义的概念就是充分就业。

首先考虑一下定义问题。

凯恩斯在讨论实际政策的时候，谈到了就业的“满意度”问题，在《1944 年白皮书》[①]，即标志着凯恩斯革命获得成功的官方认可（尽管那时财政部没有完全相信这个说法）的白皮书中，政府承认了维持“高且稳定”的就业水平的责任。

一旦宣布了政策目标，这种模糊不清明显地成了深谋远虑。政策目标过于确定就会招致不满。而且，在科学范畴内，模糊比精确更为准确。正如卡尔·波普教授指出的，科学对“风”这种模糊

① 敕令书，6572 号。

术语的运用就很不错，一旦明确规定了“风”的狭义定义，对“风”的说明就有了限制：“说到‘每小时 20 到 40 英里的风’。”“我们在物理测量中，一直在考虑可能出现的误差的范围。而精确性并不在于力图把这种误差减至零，也不在于假装根本不存在这种误差，而在于对误差的明确认识。”①

充分就业注定是一个模糊概念。首先，全日制的每周小时数就存在一些人为因素。如果偶尔加班了，会怎样呢？如果加班，加 90
多长时间呢？其次，还有一个任意时刻有效劳动力数量的问题，已婚妇女、学生和富有的食利者，算不算劳动力的组成部分？再者，还有一个个体经营自谋职业的问题。“隐性失业”这一术语最初是用来说明大萧条时期斯特兰德大街上卖火柴者的事情，现在这一术语则扩展到说明租佃的田产过少以致全家没有多少生产性工作可做的农民身上。但生产性工作又怎样呢？失业逐渐转变为低人均产出。对于实证分析来说，所有这些都不重要。我们可以用适当的方式就这些术语针对的每个问题给出定义，给出的定义也不必精确到超过该问题所要求的程度。

但这种模糊不清不能满足一个意识形态口号的要求。充分就业是好事，而且可以用明智的政策达成。这是一个与均衡相似的该死的说法。我们一定可以阐明它是什么。

在最初的定义中，凯恩斯对自愿失业和非自愿失业做了区分。自愿失业是指“工人确实不愿意按较低实际工资而工作，因而选择退出劳工市场”，非自愿失业是指：

① 卡尔·波普：《开放社会及其敌人》，第 2 卷，第 18 页。

> 如果工资品的价格相对于货币工资作出微小上升时，为了现行的货币工资而愿意工作的劳动供给总量和在同一货币工资之下的对劳动的需求总量都大于现行的就业量，那么，人们便处于非自愿失业状态。①

另外：

> 当产量上升到一个水平，而处于该水平，各生产要素的典型单位的边际产品等于维持该水平产量的生产要素所要求的最低报酬时，我们已经达到充分就业状态。②

91 正是“劳动的边际负效用”为未来的产出“设定了上限”。③

劳动的负效用是马歇尔的东西，凯恩斯不假思索地拿了过来。

马歇尔曾经描写了一个捡拾黑莓的小男孩，要到另一个草莓的**边际效用**不足以偿付额外努力的**边际负效用**之时，他才会停止捡拾草莓。④ 简而言之，到他觉得想停止时，他才会停止。

对于一个身处没有社会保险的世界、要在按现行工资水平得到工作或没有任何工资之间作出选择的工人来说，这个概念离题太远。或许，马歇尔没能注意到这一概念的荒谬性与剑桥和牛津

---

① 凯恩斯：《通论》，第 15 页。

② 同上书，第 303 页。

③ 同上书，第 26 页。

④ 马歇尔：《经济学原理》，第 331 页。

教师特殊的薪酬制度有关联。一名教师从学院得到的报酬与他做出的努力并不相干，另外，他也可以按每人多少钱带学生。我们所有人都清楚，学生数量增加的边际负效用，由于基本收入与给定的收入不相关，所以，收入的边际效用就可以假设为不重要。

对一名学院教师来说，将收入的边际效用与工作经验上的负效用分开，是一个极有诱惑力的想法。给他支付一笔越来越多的基本工资，然后看看每人需要多少费用才能使他将学生的人数固定下来。但不幸的是，这种做法实际上并不科学。闲暇的价值与可支配购买力无关。如果找不到其他的工作，没有其他地方可去，工作的负效用实际上可以抵消，但如果其他工作能给人愉悦且待遇丰厚，工作的负效用就非常高。

任何可以提出来用以度量工作负效用的尺度都会有弹性。在新古典经济学的全部观念中，这是最为抽象的一个。凯恩斯并没 92
有赋予这一思想多么重要的意义，而是给它下了一个简单的定义：一旦每个想工作的人都有了一份工作，就达到了充分就业。但这却是一个达不到的上限。从意识形态的观点看，这并不是说充分就业永远不可能达到。

贝弗里奇提出了度量空缺岗位数和登记失业数两者关系的标准，但就算这两个数目都很确切，但很明显，这两个数目就其本应该表明的含义来说，还是有些粗糙。两者之间的完全相等并不代表劳动力的供给和需求关系中有一个临界点，原因在于，闲置岗位和失业工人之间碰巧出现一致，恰表明它们并不一致，不是因为地理上它们是分开的，就是因为无法为失业工人提供具体类型的空缺工作岗位。相对于失业人数而言，空缺岗位的过度增加或过度减少，都显示出短期内需求的变动迹象。空缺职位和失业人数同时减少，大概表明了劳动力流动一般状况或管理功能的改善。但以两者之间的恰好平衡来表明大写字母的“充分就业”，也没有什么值得炫耀的地方。

（让我们稍微离题一下。值得注意的是，贝弗里奇在撰写《自由社会的充分就业》一文时，曾与一些年轻的凯恩斯主义者进行过商讨，他们认为，3％的**平均**失业率似乎是可以提出的大胆目标。十二年来，我们一直都没有达到这个数字，事实上，2％都被认为高得危险，所以他的这个想法在当时似乎就是一种过于一厢情愿的妄想。）

从一开始事情就很明显，如果我们达成并维持一个较低的失
93 业水平，并有一个自由协商的工资制度，工会也拥有适当的行为准则，那么，提高价格会使工资和价格的恶性螺旋式上升，成为长期而缓慢的运动。实际上，当时就有人指出：“到目前为止，充分就业点，即均衡的栖身之处，似乎是在悬崖上，一旦移动到边缘，货币的价值一定会一头扎进无底的深渊。”[①]不幸的是，现在竟然一语成谶，由于充分就业和价格稳定都是好事，所以从意识形态上讲就非常麻烦。有时找到的解决方案是说，一旦工资上升，就会出现**过度充分**就业，因此将充分就业限定为，包括足够的失业在内的就业，就可以防止货币工资上涨速度超过生产率增长速度。一般而言，这一解决方案还伴有武断的假设，即某些具体数字，比如3％的失业率，可以保持价格的稳定，而且，维持这个假设的水平是一个正

① 琼·罗宾逊：《就业理论论文集》，第24页。

确且适当的政策措施。[①]

米恰尔·卡列茨基的独立研究结果不如凯恩斯《通论》中的结论那么乐观。在战争期间问题就很清楚，新理论已经牢牢地站稳了脚跟，并战胜了旧的商业周期理论，他预测说，我们将发现自己处于政治经济周期之中：

> 在萧条时期，无论有没有大众的压力，通过借贷融资的公共投资都会承担起预防产生大规模失业的任务。但如果试图采用这种方法来维持较高水平的生活，在随之而来的繁荣期就会遭到“工商界领袖”的强烈反对。就像我们已经指出的那样，持续的充分就业并不是他们喜欢的现象。工人会“变得难 94
> 以管制”，“企业家”会渴望“给他们点教训”。此外，价格的上涨趋势对大小食利者都是不利消息，使他们感到了“繁荣的疲惫”。
>
> 在这种情况下，大企业和食利者就会形成一股强大的阻力，他们或许会找到不止一位经济学家出来宣布说，这种情况显然不健康。所有这些压力，尤其是大企业的压力——通常对政府部门有影响——就会引导政府重新回到削减财政赤字的传统政策上去。随之而来的萧条又会使政府再次运用支出政策。……
>
> “政治经济周期”体制是对19世纪资本主义世界存在的

① 参见J.E.米德：《控制通货膨胀》。也见K.J.C.诺尔斯和C.B.温斯特《失业水平能解释工资变化吗？》，载《牛津统计学研究所集刊》，1959年5月。

> 那种情况的人为复辟。充分就业只有在繁荣达到顶峰时才会出现，而萧条却相对温和而短暂。[①]

或许我们的重点应该更多地放在金融界而不是放在大企业身上，更应该强调的是货币政策而不是财政赤字，但总而言之，上面所述已证明基本上接近了目标。

不管怎样，针对降低失业率的反对意见还是相对较弱(至少在英国是这样)，确实，任何招致严重失业的做法都会引发激烈的反抗。总的来说，充分就业已经成了一个正统的政策目标。

正如凯恩斯在某些情况下打算的那样，实现充分就业已经成了新的捍卫自由放任的主张。唯一有必要的是去除私人企业制度中的一个明显缺陷，私人企业制度就再度成为一种理想的制度。

充分就业(有人对不允许达到**超充分**就业有些保留意见)已经
95 成为保守主义政策的目标和反对社会主义者批评的强有力的论点。“你过去抱怨资本主义制度允许沉重和长期的失业的看法站不住脚，我们承认有一些理由。现在，我们为你呈上一个具有较高且稳定的就业水平的资本主义。你应该没有什么可抱怨的了。”

马克思主义批评家认为凯恩斯理论会引发一个从他们的角度看极为反动的结论。因此，他们不仅否定凯恩斯的分析逻辑，甚至发现自己已经与凯恩斯率先攻击的融资骗局的主角建立了联盟。比如巴兰教授就很不满意地表示，一个只能依靠军备开支维持繁荣的经济体制是对人类的威胁，道德上让人可憎，政治上也声名狼

---

① 《充分就业的政治方面》，载《政治学季刊》，1943年11—12月号。

藉，他还用货币数量理论说明，因为政府支出会引发通货膨胀，所以这种方法实际上不能采用。[①]

这是混淆逻辑和意识形态的另一个例证。因为凯恩斯已经为资本主义制度消除自己最明显的缺陷指出了一条道路，所以他是反动派，他的理论是错误的理论。

但即使他的理论是错误的，他的理论也没有什么害处。因为这种诊断是正确的，因此这种治疗方法就会起作用，病人的生命会因此而延长，这就令自诩为资本主义继承者的人感到不安。

充分就业成为一个右翼口号的原因在于，如果就业成了目标本身，那么，其内容就确定无疑了。工作是为了什么呢？只是为了让工人们不再捣蛋而已。任何产品都可以媲美于其他任何产品了。

凯恩斯向公认的老派自由放任正统思想的蒙昧主义壁垒，提出了一连串的反论：

> 古埃及具有双重幸运，而其神话般的财富毋庸置疑地来
> 源于此，因为它进行了两种活动，即建造金字塔和探索贵金 96
> 属，而由于这两种活动的成果能不以被消费掉的方式来满足
> 人们的需要，所以它们不会由于数量充沛而降低效用。中世
> 纪则建造教堂和做道场。对于死者而言，两座金字塔、两次道
> 场带来的好处要两倍于一座金字塔和一次道场。然而，在伦
> 敦和约克之间造两条铁路则不是如此。由此可见，我们现在

① 《增长的政治经济学》，第124页。

崇尚现实,把我们自己教育成为如此接近于谨慎的私人理财家,以致我们在为后代建造住房时,要仔细考虑这样做对后代所增添的"财务"负担,我们因而就没有像埃及和中世纪简便地避免失业问题的办法。[①]

他还提出,一旦找不到有效的、能看见赢利的投资出路,就要支持浪费行为:

以亿万富翁们建造巨厦容纳他们活着时的肉体和建造金字塔来保卫他们死后的遗躯而论,或者以他们为了忏悔罪恶,兴建教堂、捐赠教会或到国外传教而论,资本充沛损害产品充沛之日会得以推迟。用储蓄款项来偿付"在地上挖洞"的费用不仅会增加就业,而且还会增加由有用的物品和劳务构成的国民收入。

但他又说:

然而,一旦我们理解了这些偶然的、而且往往是浪费性的缓解之法对有效需求的作用之后,明智的社会继续使用它们就不再合理了。[②]

今天,人们已经冷静而认真地采纳了这些反论,造好的武器之

① 凯恩斯:《通论》,第131页。
② 同上书,第220页。

淘汰速度快于打造武器的速度，这比建造金字塔来保持利润而不增加财富的做法更为有效。一旦这一理论得到理解，理性占据了上风，华尔街在冷战出现缓和征兆之后的故态复萌，清楚地表明了 97
凯恩斯理论的正确性，但也表明了凯恩斯的乐观看法的不真实性。

对凯恩斯思想的曲解，应该由凯恩斯本人承担部分责任，因为他没有发现，原则一旦确立，保证就业就成了公众关心的事情，应该达成何种就业水平也成了一个政治问题。

在上面援引的《通论》的最后一章中[①]，凯恩斯陷入某种设定的谬误，即一般而言，政府可以推行某种中性政策来维持有效需求，而不会对任何特定需求产生任何影响。政府必须承担“设法增加并补充投资引诱”的任务，但所有的事情最好留待“经济力量的自由运作”[②]。

这就是像抽象劳动或总效用一样难以捉摸的形而上学概念。哪种政策可以根据可投资资源的供应，只是调节需求？

当有效需求下降时，为了增加有效需求，可以采用不同的方法：比如削减税收或将负担从那些最可能增加消费之人那里转嫁给那些最可能减少储蓄之人，或者通过促进竞争来降低利润率，或者增加社会服务的补贴或经费等等，所有这些方法都趋向于减少消费的不均。或者，也可以直接增加或通过国有化企业增加政府的投资支出，或者采用降低税赋和信贷政策来鼓励私人投资。与之相反，一旦有效需求过度，可通过税收来遏制消费。其他可以采

① 凯恩斯：《通论》，第 85 页。

② 同上书，第 379、380 页。

用的手段还有信贷限制和削减政府开支等。制定这些政策的目的就是为了保持某种水平的贸易平衡并维持就业水平。那么，什么
98 是中性政策呢？这些方法如何搭配才能使私人企业的实质内容不受影响，而只对数量产生作用呢？

在某些方面，这些方法对信贷政策有很大的影响，因为可供选择的方法较少，而这些方法某种程度上也符合经济的单一总体中性规则的理想状态。货币数量论巨大的意识形态吸引力是出于这样的事实，即它明显掩盖了在客观机制条件下的政治选择问题，所以，这一理论在其逻辑内容声誉扫地近四十年后，还在继续。[①]

然而，最近的实验显示，从来就不存在纯粹的数量理论和整体财政政策。幸运的是一份官方报告说，他们已经摒弃了这种陈旧而烦琐且毫无意义的东西。但因为拉德克利夫委员会已确凿无疑地表明，在这一问题上，它不会给出明确的建议，所以，这完全是个判断问题，根本不存在什么简单而正确的政策。

凯恩斯革命摧毁了使人昏昏然的旧式学说，但其自身的形而上学却单薄而且容易让人看穿真相。我们不得不思考一下我们正面临的令人不爽的情况。

---

① 凯恩斯：《货币改革论》。

五　发展与欠发展 99

战后，当有效需求不足问题似乎从人们眼前消失之时，一个新的问题——长期发展问题又开始引人注目。

出现这种变化的原因部分是经济学这门学科的内在演进。一个问题的解决开启了对第二个问题的研究，一旦凯恩斯的短期理论建立起来，投资在理论中发挥关键作用，接下来就有必要讨论投资所带来的资本积累的后果。

何况，研究兴趣点的变化也是由于实际情况提出了一些急待解决的问题。当时，世界各国似乎分成了三个集团（每个集团都有自己的特殊情况）。一个集团由先进工业经济体组成，这些国家的居民人均消费水平相对较高（按商品和服务的购买计），各国总体平均产出增长适度，各种财富不相上下。另一个集团大部分由农业经济体组成，但在社会主义制度下，工业化的进展速度极快。最后一个集团是由不同的殖民地和新殖民地以及前殖民地国家组成，这一集团中很多国家还保有原来的原始出生率，尽管引入了现代死亡率进行计算，但基本上还处于经历人口爆炸式增长阶段，这一集团迫切要求摆脱这种为西方发达国家劈柴挑水做苦力的现状，建立自己繁荣昌盛的国家。

在这种情况下，运用给定资源配置的静态新古典分析，以及运用给定资源的凯恩斯短期分析，都显得力有不逮。现在我们所需要的是如何才能增加资源的长期动态分析。 100

1

为了使长期发展的问题稍显明朗化，我们可以回顾一下传统学说，我们从各个方面都能找到对利润率趋于下降和资本积累即将停止的预测。针对这一观点，人们提出了很多不同的理由，但所有这些理由今天看来都缺乏说服力。

对李嘉图来说，麻烦在于自然资源是有限的。按他的理论最简单的说法，资本积累是为了向按谷物（表示农业产出）计量固定工资率的不断增长的劳动力（由日渐增长的人口提供）提供就业。为了增加谷物的产出，有必要将粮食种植向劣等地扩充。每个受雇者带来的利润就是在最劣等土地上每人净产出中超过谷物工资（优质土地带来的好处则全部以地租形式进入土地所有者手中）的部分。由于每人的净产出随土地开拓的扩展而下降，人均资本的谷物价值也会随之上升而不是下降，资本利润率也会随时间的推移而下降，最后，增加投资的动力将会消失，资本积累也会随之停止。

鉴于世界人口的增长速度已经达到了类似于当前美国那种破坏自然资源的人均水平，李嘉图提出的问题不久以后就将成为实实在在的问题。但与此同时，农业部门也在遭受与物质生产部门一样的有效需求快速下降的痛苦，而且农业部门有效需求的下降比增长更快。

101 马克思承续了利润率趋于下降的正统理论观点，并提出了自己的解释理由。按照他的解释，资本有机构成随着时间的推移而趋于上升，这种状况被解释为由于资本使用中的技术进步倾向，所以每人使用的资本价值（根据劳动时间计算）普遍增加，而净利润中的产业收益份额并没有每人使用的资本价值上升得那么快。其结果就是，资本利润率下降。我们可以从逻辑角度对这一观点进行抨击，[①]但更简单的方法是反驳它的经验基础。以马力或钢材/吨度量的人均物质资本因现代技术的发展而提升，这是事实，但由于人均产出的增长与生产这一产出的资本设备的增长同样迅速，因此，在马克思的意义上，人均资本的价值会增长并不存在必然的理由；最近以来人均资本价值甚至于似乎一直在下降。

新古典经济学说是根据“给定技术知识状态”的经济体系均衡来展开阐述的，发明创造则被视为可以使经济从一个均衡跳到另一个均衡的扰动因素。

比较一下均衡位置就可以看出，根据“给定知识”的定义，资本的使用状况是，利润越少，人均资本量越大（尽管按照什么条件来计算这个量一般都很含糊）。这样，根据均衡位置比较而得出的观点认为，从时间过程考虑，资本积累一定伴有利润率下降的过程。但是，从比较向时间过程的转换，回避了所有应该讨论的问题。

马歇尔很怀疑那些事先准备好的公式，所以处理那些“经济进 102
步的重大主题”时非常小心谨慎，[②]但总体上，他似乎支持这种观点，即迅速上涨的储蓄率会因为增加了相对于需求的总资本存量而压低利率（他将此等同于利润率）。

---

① 琼·罗宾逊：《论马克思主义经济学》，第 5 章。

② 马歇尔：《经济学原理》，第 461 页。

在凯恩斯的短期理论中，由于投资总是兴起于繁荣时期，所以投资总是会自我终止；投资的持续进行是因为卖方市场产生的高利润率，但投资导致的生产力的上升趋向于中止卖方市场的兴盛。

当凯恩斯转向长期分析时，他认为利润率下降至零并不是资本主义的自然趋势，而是审慎政策的目标。

> 我敢肯定，对资本的需求具有严格的限度；其意义为：把资本数量增加到使它的边际效率下降到很低的数值是不难做到的事情。这并不意味着使用资本设备几乎不用支付代价，而仅仅是说，资本设备的收益在补偿它的折旧和老化费用之后，再减去偿付风险以及技能和决策的运用费用，剩下来的属于资本所有者的数量不会有多少。简言之，耐用品在它们生命期间的总收益，会和非耐用品的情况一样，包含它们的生产的劳动成本再加上对风险以及技能和监督代价的补偿。
>
> 虽然这种情况相当符合某种程度的个人主义，但它意味着食利者阶级的消亡，从而也意味着资本家利用资本的稀缺性来扩大其压迫力量的消亡。今天，利息之不代表对真正作出牺牲的补偿程度并不亚于土地的租金。资本所有者能得到利息的原因是资本的稀缺，正和土地所有者能得到地租的原因是土地的稀缺一样。但是，土地的稀缺可以来自与土地的固有特性有关的原因；然而，资本的稀缺却没有与资本的固有特性有关的原因。如果把造成资本稀缺的原因看作与资本特性有关的原因，即必须以利息率作为报酬才能使人们作出真
> 103 正的牺牲来进行积累这一原因，那么，在长期中，这一原因将

不复存在，除非在个人的消费倾向具有特殊性的场合。在这种场合中，消费倾向具有如此特殊的数值，以致在资本具有足够充沛的数量以前，充分就业条件下的净储蓄量已经为零。但即使在这种场合，国家机构仍然可以使社会的储蓄维持在一定的水平，以致能使资本数量继续增长，直到它不再稀缺为止。①

我的推测是，要想使资本品充沛到资本边际效率为零的地步是较易做到的。如果我的推测是正确的话，那么，这也许是逐渐消除资本主义的许多不良特点的最有意义的方式。稍加思索就可以感觉到，被积累起来的财富逐渐丧失它的增殖力代表多大的社会变革！人们仍然有自由来把他们取得的收入积累起来，以备日后之用。但是，他们积累起来的财富却不会增殖。他们会像蒲伯之父那样，从商业经营中退下来，并随身携带一箱金币到他的乡间别墅，并以此来支付他的日常开销。②

因此对利润率下降的预见从噩梦转变成了怡人的白日梦。

2

传统理论在处理统计数据时，完全没有显示出过人之处。因

① 《通论》，第375—376页。

② 同上书，第221页。

为在那些发达工业国家，尤其是美国，数字显示，其人均资本的价值虽然显著增加（把繁荣期与萧条期平均计算），但资本产出率或总收益中的利润份额的变动却相对较小。这就多少表明了资本利
104 润率不变的情况。技术进步和自然资源的可获得性显然强大到足以使基于报酬递减、有机构成上升或边际生产力下降的预测变得一文不值。

新古典经济学的弱点是将技术进步看成可以使经济体系的均衡位置发生变化的偶然性扰动。哈罗德将技术进步看成工业经济内在倾向，从而为我们提出了一个新的思路。

著名公式 $g=s/v$（即年均总收入的增长率等于收入中的储蓄与资本产出之比）表达了这样一个概念，在资本存量增加之时，每单位资本产出可视为不变，如果就业没有按照相同比例增长，就意味着人均产出与人均资本的增长率相同。

哈罗德[①]、多马[②]和马哈拉诺比斯[③]各自独立地提出了不同的稳定增长公式，他们当时都不了解苏联经济学家费尔德曼[④]早就提出了这种理论。这种巧合（就像卡列茨基的发现与凯恩斯的理论相同一样）表明，这一主题的演进已经达到了一个阶段，必须要进行下一步的分析了。

这个公式摆脱了传统假设的负担。如果运输行业的发明、发

① 《论动态理论》，载《经济学杂志》，1939 年 3 月。

② 《资本扩张、增长率和就业》，载《经济计量学》，1946 年 4 月。

③ 《对国民收入增长过程的若干观察》，载《数论杂志》，1953 年 9 月。

④ 《论经济增长理论》，载《计划经济杂志》，1928 年 11 月。见多马《经济增长理论论文集》。

现和改良能使新的原料来源很快得到应用，报酬递减将会消失。如果技术进步是中性，有机构成的提高就不可能出现了。如果技术进步足够快，边际生产力就不会下降。摘掉眼罩，我们能看到更 105
广阔的可供研究的领域。

这一公式对经济学的发展产生了极大的负面影响。在某种程度上，它是凯恩斯理论与当代分析之间的分水岭，但认为它对经济思想产生了积极影响，尚未得到有力的证明。

这一公式似乎表明，经济的增长率由技术状况（一定限度内固定的资本收入比）和人口的储蓄倾向决定。但这一公式没有考虑这其中最重要的因素——种种决策左右了资本积累率。

在私人企业经济里，投资决策依据预期利润进行，而正如《通论》所示，由于节俭的个人克制自己的消费支出，所以预期利润下降而不是上升。在市场经济中，节俭本身是一个引发通缩和萧条的因素，迄今为止它对积累的助益仅仅在投资倾向大到足以产生通货膨胀条件时才能产生。一旦投资倾向较弱，节俭只能使它更弱。①

在私人企业条件下，经济发展理论中有待讨论的第一个问题应该是：资本的总积累率由什么因素支配？在这一问题上，公认的理论仍然掺杂有静态均衡分析，所以乏善可陈。

在凯恩斯理论的规范分析部分，投资率往往导致资本边际效

① 当然，哈罗德打算强调的正是这一点，但他选用的却是相反的方式。他认为，资本利润率在某种程度上是由利率决定的。他的“保证增长率”并不是企业希望以利润率来实现的积累率，而是在利润率实现的条件下不得不实现的增长率。“保证”增长率越高，社会的储蓄倾向越高。更多人节俭就需要更高的增长率，但他却没有为此提出任何动机。

率与利息率均等。这是一种纯粹的规范分析。资本边际效率意指
106 **将风险和不确定性考虑在内**，预期利润来自于投资。因此这一表述，即资本边际效率等于利息率，仅仅是说，风险升水是预期利润与相关利息率之差。

在建立商业周期模型时，通常要对“自主性”投资进行辨别，自主性投资不受收入水平或利润水平近期变化引致的短期影响的影响。对于长期分析来说，我们需要明白恰恰是什么支配了“自主性”投资。

卡列茨基认为，投资计划受到资金的限制。资金来自于企业从事投资的留存利润和借贷，因此投资受限于自筹资金。将卡列茨基的商业周期模型转化为长期模型后就可以显示出，投资(以货币计算)具有惯性，只要最近的投资率较高，利润较高，也就会有足够的资金支持较高的投资率。投资率一旦降低，低利润和有限的借贷能力就会使投资率降低。至于是什么支配着投资水平，这种看法基本上没有作出任何解释。

马克思惊呼：“积累啊！积累啊！这就是摩西和先知们。”资本家之所以投资是出于他们的本性。

凯恩斯并没有认真对待自己的规范模型：

> 人类本性的特点也会造成不稳定，因为我们积极行动的很大一部分来源于自发的乐观情绪，而不取决于对前景的数学期望值，不论乐观情绪是否出自伦理、苦乐还是经济上的考虑。关于结果要在许多天后才能见出分晓的积极行动，我们
> 107 的大多数决策很可能起源于动物的本能——一种从事行动、

> 而不是无所事事的自发冲动；它不是用利益的数量乘以概率后而得到的加权平均数所导致的结果。不论各个企业以何种程度的坦率和真诚来宣称，它们从事经营的主要动机已由企业的组织章程所说明。它们在实际上不过是把它们的动机假装成如此而已。事实上，根据对将来的收益加以精确计算后而作出的经营活动，只不过比南极探险的根据稍多一些。因此，如果动物本能有所减弱，而自发的乐观精神又萎靡不振，以致使我们只能以数学期望值作为经营活动的根据时，那么，企业便会萎缩和衰亡——虽然对企业的前景看好和看坏的根据和以前没有什么不同。①

为了理解投资动机，我们必须理解人的本性及其对不同社会和经济制度的反应方式。如果我们对此没有足够的理解，就无法将它纳入数学。

尽管哈罗德模型对积累决定的分析不足，但这一模型还是作出了重要贡献。哈罗德模型重点对增长率和有保证的"自然"增长率，也就是增长率的**技术可能性**进行了区分，这种增长率实际上只有在无计划的私人企业经济中才能产生。

"自然"增长率受劳动增长率（忽略了不断变化的劳动时间的复杂性）以及人均产出增长率（哈罗德认为受"自主性"技术进步支配）的支配。哈罗德的判断是，为了实现技术上可能的产出率增长，实际积累通常会降低到低于既定增长率。在贫穷国家，尤其是

① 《通论》，第 161 页。

人口增长迅速的贫穷国家中，要获得充足的储蓄基本不可能。在富裕国家，投资倾向则过于疲弱。[1]

108 想使技术进步具有完全自主性，显然是一种不现实的简化。推动积累和推动生产力提升之间存在很强的关联。[2] 这使这一观点更具力量。当积累的欲望非常之强，而资本主义经济又突然遭遇到劳动力供不应求，就会开始设法改善节省劳动的生产方式，因为这种方式尤其适用于设备的设计，所以他们似乎是为了提高资本/收入率而降低资本/收入率。简言之，由于实际增长率极高这一事实，可能实现的增长率因而大为提高。

技术进步对过多的劳动力需求作出的回应显然不能是依赖于无限制的工作。人均产出率的提高也不能无限制地推高而不引起利润率的下降。但我们并不知道界限在哪里，因为这一体制从来没有长时间将产出率推高，从而让我们有足够的时间对其进行了解。

另一方面，技术进步显然也不会因为劳动力需求不足而受到抑制。企业之间的竞争以及在科学事业或战争过程中创造发明的产业化应用，会在存在过剩劳动力的时候，继续推进生产力的提升。为保持与“自然”增长率的一致而降低实际增长率，则假借技术性失业的幌子而出现。

---

① 用哈罗德的术语来表述，就是“保证增长率”，即储蓄倾向太高。

② 这是卡尔多强调的地方(《经济稳定与经济增长论文集》，第 267 页)，但很不幸，卡尔多也规定技术进步具有自主性(他的技术进步曲线高点表明了这一点)，并承认资本使用或资本储蓄方向(曲线上的点表示)上的偏差度受积累率(图示中 x 的值表示)的影响。

哈罗德对资本实际积累率与实现固定利润率最大增长的积累之间的关系做了分析，这种解释开拓了许多有意义的研究方法。109
尤其是，再次在美国出现的停滞趋向，根本不是在实际需求远未饱和的情况下，“关闭了未开拓领域”，从而使实际资源未能得到开发的结果，而是企业没能向迅速增加的劳动力持续提供就业岗位的结果。

这种研究方法之所以没有贯彻到底，可能是因为这种方法偏离了已成常规的均衡分析法而引人担忧的缘故。

3

积累理论的研究重新唤起了人们对工业资本主义起源问题的兴趣，对资本主义起源的研究，通常是以韦伯的新教之经济影响的理论为基础来进行的（桑巴特的资本主义完全源自天主教的理论，从来未能流行）。[1]

沃尔特·惠特曼·罗斯托[2]做了一个大胆的尝试，用工业化起源于对国耻作出的回应这种说法来占领市场。有一件史实倒是很贴合这种说法，那就是 1867 年日本的明治维新。但这一学说无法解释中国直到 1949 年才作出反应的原因。另外，日本的回应所针对的耻辱是资本主义本身的影响。日本人发现，世界上那些强大而富裕的民族之兴起基础是工业技术，这一发现使得日本人奋

---

① 桑巴特：《资产者》，第 19 章。

② 《经济增长的诸阶段》。

起掌握技术并将自己跻身强国之列，可以说，日本的这一行为是出自国家意志的行动。日本的这种回应方式虽然可以解释资本主义的传播，但不能解释资本主义的起源。范·特罗姆等人将工业革命归功于英国受到的耻辱也过于牵强附会了。

110 有些不太出名的理论似乎更有谱些。凡勃伦的信徒 C. E. 埃尔斯就提出了这样一个问题[①]："为什么工业革命发生于西欧而且是在现代？为什么没有发生于中国，或者发生于古希腊？"[②]

> 在西欧文化史上，有什么独一无二的东西呢？这一地区是地中海数千年文明的遗产承继区，但其他许多地区也是地中海文明的遗产承继区。尼罗河与美索不达米亚河谷现在仍然有人居住。那么，西欧与它们有什么区别呢？[③]

他认为这里的答案是，西欧是"地中海文明的未开发领域"。

> 未开发领域有一种渗透现象。这个地区的居民来自另一个古老的文明中心区域，他们带着过去的生活工具和生活资料来到这里，其中有谷类和藤本植物以及果树，还有家畜及各种衣物和装备，以及凿石刻木的技术和建筑设计方案等等。他们也带来了远古时代的信仰与"价值"观，他们的民风和习俗，但在未开发地区的生活条件下，后者的重要性在某种程度

---

① C. E. 埃尔斯：《经济增长理论》(北卡罗来纳大学出版社，1944)。

② 同上书，第 129 页。

③ 同上书，第 132 页。

> 上有所降低，这是众所周知的。未开发领域的生存方式就是轻松自在，无拘无束。在未开发区域里，谨守安息日和语法规则都不如在“老家”时那么严格。①

他将技术进步归功于宗教社会的约束力较弱：

> 教会被认为是从制度上阻碍技术变革的先锋。在教会的领导下，封建社会反对和禁止所有产生于工业社会的伟大创新。但从工业发展的角度看，这种反对没有产生预期的效果 111
> (幸而如此)，其无效性并非由于可以用来区分基督教和其他宗教的意向和意图(temper and intend)有什么明显的不同，而是由于这样的事实，即这种外来信条对西方人的影响甚小，小于伊斯兰教义对阿拉伯人的影响，印度教对印度人的影响，或儒家学说对中国人的影响。如果我们试图将教会想象成中世纪文明的精髓，我们应该停下来问问自己，欧洲文化最显著的标志是什么，是圣托马斯还是他同时代的追随者神圣罗马皇帝弗里德里希二世？……②
>
> 欧洲人的实际经历是，未开发社会拥有来自于母本文化的全部生活工具和生活资料，后来，未开发社会又几乎完全切断了与其母本文化的制度权力体系的联系。这个结果才是独一无二的。我们非常怀疑，历史还能否承受得起幅员和人口

① C. E. 埃尔斯：《经济增长理论》(北卡罗来纳大学出版社，1944)，第 133 页。
② 同上书，第 135 页。

> 相当、但完全切断了与过往的联系的另一种情况。西欧之所以是这几个世纪以来一种伟大文明之所在，主要在于其天赐禀赋中的重要部分没有任何遗失，而且又是这个时代所有伟大文明中最年轻的文明，这个文明最少僵化，也不像其他文明因为长年积累的体制性尘埃而窒息了自己，这一文明较之其他文明更易受到变化和创新的影响，所有这一切都是由于它独一无二地切断了与过往的联系。实际上，正是所有这些复合性质使中世纪欧洲文明成为了工业革命之父。[①]

按照埃尔斯教授的观点，伟大发明创造导致的技术革命本质上是为不同目的设计发明的全新组合工具：

> 因此，飞机是风筝与内燃机的组合，汽车是轻便马车与内燃机的组合，内燃机本身又是蒸汽机的组合，而蒸汽机是替代了蒸汽的气体燃料与电火花引起发动的进一步组合而成。当
> 112 然，这是一种泛泛的说法。在现实中，各种组合通常都更为复杂。呈现在公众面前的“新”发明通常本身就是一系列发明的最终成果……[②]

当然，工具总是有能力使用工具的人的工具，因此，工具与使用工具的能力结合在一起，一定会产生某种组合。而且由此可知，工具越多，可能组合的数量就越多。即使我们不了

① C. E. 埃尔斯：《经济增长理论》（北卡罗来纳大学出版社，1944），第 137 页。

② 同上书，第 112 页。

> 解历史，但如果对工具的本质有所了解，我们就能推断出，技术的发展一定有一个累积过程，技术发展在早期阶段都比较慢，其进步基本感觉不到，但越往后发展越快。[①]

种种组合的积累产生了产业革命的前提条件。比如说，新大陆的发现显然在为技术发展创造条件方面发挥了很大作用。按照埃尔斯教授的观点，新大陆的发现是远洋船发展的结果，而远洋船又是地中海文明与维京传统造船业组合的结果：

> 约15世纪末，跨越大洋的远洋船就是这两种类型的组合，我们并不确切知道这种组合是在什么时间、什么地方以及如何产生的。或许是在比斯开湾海岸的船厂里，在那里，维京文化顺流而下，与逆流而上的地中海文明相汇。即使如此，在这一相汇碰撞出结果之前，也会经过一段相当长的时间。但这种情况有助于彰显两点：这种组合并非深思熟虑的蓄意而为，也没有什么特定的最终“目的地”（比如印度）。而且，船并不是简简单单的一种载体，而是具有很多文化特征，所以这种组合几乎不可避免地具有一般文化融合和一般技术发展的缓慢的相互作用。但如果我们这样进行推测似乎更安全，即航
> 海和发现的年代随船舶的变化而定，而远洋船则是不同种类 113
> 的早期运载工具的组合，这种组合则是文化接触的结果。[②]

① C. E. 埃尔斯：《经济增长理论》（北卡罗来纳大学出版社，1944），第119页。

② 同上书，第143页。

一旦有了这种远洋船，地理大发现“一定”会发生。

西欧的特殊之处并不是在那里产生了这种组合，这种组合哪里都有，西欧的特殊性在于，对于新发明创造的传播，西欧的行为“礼仪模式”显现出较之古老文明更弱的抗性。

从某种角度看，这一概念清楚地阐述了今天依然悬而未决的问题：即效仿议会民主制度的印度的经济发展，相对于在共产党领导下中国的经济发展较为缓慢。西方的自由主义只是加热了印度传统这潭深水的表层，而在中国，意识形态的猛烈转向为技术的迅速变化，为采取一定的社会形式以适应技术开发，开辟了道路。

但与不列颠和高卢军团的起航最为类似的情况出现在黑非洲。在非洲，引人注目的最为现代的技术很少受到古代传统的阻挠，如果埃尔斯教授的理论是正确的，那么，非洲的技术注定会在适当的时候超过我们所有国家的技术。

4

在所有的经济学理论中，马尔萨斯的理论是与欠发达国家最紧密相关的理论。这里并不是说马尔萨斯的人口理论可以确切地适用于这些国家的问题，而是说，马尔萨斯的名字让人们注意到一个简单而痛苦的事实，即人口增长越快，人均收入增长越慢。

这一观点像其最初提出时那样，仍然仅仅按照食物供给状况
114 进行推论。一方面，对大饥荒的预测让人毛骨悚然；另一方面，人
们又说，即使有天文数字的人口，也能通过对地球的科学种植和海
洋养殖而吃饱。就算这种乐观的看法是正确的，那也离题太远。

问题的关键不在于我们能不能提高亩产量，就算我们真的要这样做的话。关键在于我们已经知道我们能够提高人均产量。通过提供设备和教育的方式就能提高人均产量。在欠发达国家，大量的工人是在生产力水平极低的条件下使用，或者干脆得不到使用。要将这么多人装备并训练到一个合理的生产水平，显然是一项巨大工程。只要人口一直在增长，将这些人装备起来的时间还会往后推延，因此，需要更多时间才能全面提升生产力水平。

正如中国的情况所表明的，如果有合适的组织，实际上可以没有失业问题。一个人双手空空，也能够做出某种有用的东西。今天，折磨这个世界的大规模失业或就业不足，表明了这个社会和经济体制的缺陷。这并不是说这种情况很容易解决。建造一台机器比重组一个社会要容易很多。这里的问题是，即使这些问题能够解决，生产水平也依然会低得可怜。两手空空的人越多，即使他们不会降低平均生产水平，也会使生产水平的提升更为困难。就算有完善的组织机构，就算不受不适宜的社会制度的束缚，社会行为充满诚信和智慧，既定劳动力所使用的投资量也仍然会有限制(按照作为部分投资的进口设备的出口支付额计算)。这个限制就是每人所生产的必要消费品超过自己消费的剩余。这种人均消费剩余比决定了可以配置于投资的最大劳动力比例。(这显然是把复
杂问题简单化，但不论问题有多复杂，还是要有主要的原则立场。) 115

那么，给定用于投资的资源比例，很显然，人口数量增长越慢，人均设备的增加越快。这种情况也同样适用于住房和城镇设施建设，适用于增加医生和教师等人的数量，后两种情况也是投资计划中的重要组成部分。

人口问题引出了如此之多的感触，触及埋藏如此之深且没有讨论逻辑的情结，以致上面那些简单的问题常常被忽视，甚或被否定。

正统天主教和正统马克思主义一致认为，天下根本不存在什么人口问题（虽然近来双方在这个问题上的态度都有所软化）。如果宗教观点大致是这样的："当今持续的人口爆炸问题让很多人的生活非常痛苦，使很多人无法拥有舒适的生活。然而避孕是一种罪过。帮助他人犯罪是一种错误的行为（即使这些人不是基督徒），避免痛苦不能作为开脱的理由"，那还可以理解。然而，宗教人士一般而言不愿意为美德付出这么高的代价，他们宁愿装作这种问题不存在。"上帝让每个人都拥有一双手"是一个事实，但上帝没有让每个人都拥有一台联合收割机。至于马克思主义者，人们不由得怀疑他们是否更有头脑，只是出于某种原因不这样说而已。

发达工业国家也存在人口问题。我们已经知道，人们习惯性地将人口发展分成三个阶段。第一阶段是高出生率和高死亡率相平衡的原始阶段。后来，到了现代，医疗和食物供应的改善降低了
116 死亡率，人口爆炸出现。慢慢地，由于教育程度提高和城乡人口比例的提升以及生活水平的提高，出生率开始降低，最后达成一种文明的均势。近代的经验表明，出生率在通过一个低点（这时"种族自杀"的呼声大增）后又开始上升。我们可能不再期望光靠节育和计划生育就可以抑制人口的增长。

在技术进步极为迅猛之时，西方世界（尤其在美国）的人口增长也开始了。哈罗德意义[①]上的"自然"增长率明显领先于积累

① 见本书第107页。

率，美国由于就业机会下降，适龄劳动力短缺，似乎不知不觉进入了人口增长率不足的高水平阶段。某种程度上，小型服务贸易中的较高隐性失业水平缓解了这种情况。

然而，最值得注意的人口增长效应应该发生在生活水平较高的阶段，那就是人类用自己的身体、自己的房屋和汽车布满了自己的国家后，就会相互摧毁对方国家的生活设施。因此，消费的外部不经济表明，**效用**理论已完全失效。

5

过去，伟大的创新性发明都是通过偶然的历史事件偶然产生的，比如蒙古帝国开启了欧洲与中国之间的交流，导致了印刷术在拼音文字上的应用。[①] 今天的研究则有意识地专门致力于解决技术问题(很不幸的是，较大一部分都专用于所谓的国防)。社会的 117
进化也逐渐增强了自我意识，欠发达国家对自己想发展成何种类型的国家也有了自己的看法。

也有一些热中于亚当·斯密学说的人竭力向后进国家鼓吹说，后进国家只需创造出适合于资本主义的条件，经济就能繁荣昌盛。在很大程度上，这些国家也从自身的经历中产生了怀疑，认为自己已经等待太久了，它们希望自己的耕耘能很快见到收获。

如果一国当局肩负起指导经济发展的责任，投资就会受到有意识计划的控制，而不会跟随私人企业的本能冲动而起伏不定。

① 埃尔斯前引书，第141页。

这样，从增长公式($g=s/v$)中推导出的主张就有话可说了。比如说，根据这一公式，如果想要达到某一具体增长率，可以用于投资的资本/储蓄越多，可以允许的消费收入比也就越高(给定 g，v 值越低，s 值也越低)；或者说，给定投资种类，所能达成的增长率取决于投资消费比率(给定 v，g 值越高，s 值也越高)。

同样，强调储蓄也会将人引入歧途，而不是给人以助益。欠发达经济体的特有问题是，它的积累率过于低(在某些情况下，积累率低到无法跟上人口的增长，更不必说要用来改善就业不足的情况并提升生活水平)。摆在这类经济体面前的重要任务就是提高自己的增长率，而且还要在促使资本/产出率下降方面耗费很多心智。这种情况一定意味着(根据公式)储蓄收入比率的全面上升。但在很大程度上，人口中的绝大部分人的有效工作也只能使他们的生活低于最低生活保障线。这一问题可以直截了当地表述为，

118 我们可以在抑制不必要消费的同时，也要根据需求来增加必要消费。总储蓄率(公式中的 s)的上升分散了对各个家庭之间收入分配的关注。这有助于掩饰这样一个让人尴尬的问题，即印度人所称的所谓“U 部门的增长”问题，如果私人财富由于公共投资的泛滥而增加，就会出现 U 部门的增长。

在社会主义制度下，为了使积累率的上升成为可能，以便让从事经济发展的国家拥有一定的优势，有必要限制消费。资产无偿国有化的革命可以使这些国家把以前用于维持 U 型消费的资源用于投资。然而，之前存在的非必要消费剩余相对于所需的积累很小。从道德上和政治上看，消除了非劳动性收入的主要优势就是可以很容易地防止实际工资上升过快。此外，以医疗服务和娱

乐等形式出现的集体消费(在集体经济中很容易出现)对公共福利(基于任何合理的判断)的贡献,相对于每单位国民支出薄薄地分摊到每个家庭头上引起的工资上涨,要大很多。

马克思预期社会主义革命将剥夺剥夺者,并接管高度发达的工业经济继续经营。但后来的结果是,社会主义经济必须自己从事工业化,他们还必须与资本主义未能打破的封建财产关系和陈旧的意识形态进行斗争。那些既不赞成社会主义又不赞成封建主义的正统经济学家,则伤心地发现了自己的困惑。

斯大林把社会主义经济目标系统表述为:“保证最大限度地满足整个社会不断提高的物质和文化需要。”① 119

确切地说,这是一个没有实质内容的形而上学口号,与“人人平等”的口号一样,这一口号通过否定表达了自己的观点。“不断提高”的要求意味着对生产力的可能提高没有作出可预见的限制(当然,这并不是说,需求作为满足他们的手段,会持续增长)。“文化”的要求意味着财富的增加并不局限于物质产品的增加(尽管这已经纳入了马克思主义者关于产出的定义)。“整个社会”则意味着对任意分配财富的批评。

正统经济学家对此也应该无话可说。实际上,这里已经讲了他们要讲的话。然而,因为必须使总收入增加,所以他们惯于为生产手段的私人拥有所产生的不平等辩解。如果不存在私人财产权,收入反而会增长更快,他们将会处于一个非常尴尬的境地。或许这也是他们偷偷摸摸地隐藏在代数丛中,并放手资本主义制度

① 《苏联社会主义的经济问题》(英文版),第 45 页。

是自由的堡垒这一政治主张肩负起高举意识形态之火炬的重任的原因。

6

凯恩斯的理论并没有直接对欠发达国家进行指点，因为凯恩斯的理论完全是在拥有高度发达的金融体制和成熟的商业阶层之先进工业经济体的语境中建构起来的。凯恩斯认为，失业与业已存在的生产能力利用不足相伴相生，因此失业是有效需求下降的结果。欠发达经济体的失业上升则是因为生产能力和有效需求从来就没有达到充足的地步。

120 不管怎样，《通论》仍然以一种消极的方式给予了很多教诲。

尤其是，《通论》阐明了通货膨胀的含义。在过去的教学中，有一种根基很深的偏见，这种偏见至今仍然未能根除，即认为通货膨胀是一种货币现象，这种现象可以通过对现钞供应的正确操控来避免。

《通论》的分析表明，通货膨胀是一种真实现象而不是货币现象。通货膨胀有两个发展阶段(再度对这一错综复杂的过程给出一个简单的说明)。有效需求的增长与无弹性的商品供给相结合，就会推动价格上涨。只要食物是由农民经济提供，食品价格的上涨就造成卖方货币收入的直接增长，也造成卖方支出的增长。较高的生活成本会产生提高工资的压力。这样，货币收入会全面提升，价格会哄抬得更高，并因此而产生恶性循环。

第一阶段，即有效需求上升的阶段，可以很容易地遏制下来，并阻止其进一步的发展。但如果这一阶段发展下去，就一定存在一个相对于消费而言的投资增长阶段。因此，有效需求必定上升，也必定存在通货膨胀趋向。问题在于如何将这一阶段限制在一定范围之内。

从长远的观点看，为改善经济条件，某些投资计划显然必不可少，比如电力设施的建设就需要很长时间才能获益，与此同时，从事这项工作的工人也必须得到维持生活的工资或商品。无通胀发展的秘密在于，为了生产出足够的剩余来支持必要的大规模计划，要配置适量的快速高产项目以及消费品部门（尤其是农业部门）的资本节约型投资。

正是在这种分析中，而不是在“赤字财政”分析把戏中，才能找到通货膨胀的踪迹。

凯恩斯的理论分析也有助于解释外国援助的使用和滥用问
题。要使用外国援助开始自己国家的发展，有两种情况不可避免。121
第一种情况是无论如何都无法在国内生产发展所需要的设备，而与此同时，对该国出口的所有商品的世界需求是无弹性的。[①] 在这种情况下，由于出口创汇受到限制，所以，任何努力工作或煞费苦心的节约都无法使涓滴之数成为可以购买设备的巨款。

第二种情况，从技术上看，国内劳动力能够实施预期的投资，

① 无弹性就会造成价格的下降。对任何国家来说，在任意出口产品中，拥有一种充分可靠的垄断因而可以制定提到价格的稳健政策的现象，并不常见。价格上升会立即或者一段时间之后，使竞争对手进入市场，或者使买方市场减少购买，将需求转向替代产品。价格下降则会引发竞争对手的跟风行为。因此，无论初始价格是什么水平，需求可能对价格上升有了弹性，对价格下降无弹性。

但没有办法获得充足的剩余来支持从食品生产转向投资项目的人。在这种情况下，外国援助要么被用来进口食品，要么被用来进口投资品。为了最有效地利用外国援助，无论采用何种比例，都应当将外国援助配置到能使生产设备的存量积累增长最快的部门。

严格来说，这种情况一定非常罕见。一般而言，在经济发展启动之前，可能会削减某些可有可无的消费品的进口，或者说，某些可有可无的国内消费可以转变成可销售的出口商品。严格来讲，在还没有度过这一困难阶段的国家，外国援助也不一定必不可少，但在政治上讲，因为它不用削减奢侈品消费，所以还是有帮助的。如果外国援助使税收减少，或者成了工资、佣金或用于行贿，并且花费在没有外国援助就无法为之的进口上，那么，这种援助对发展而言全无用处。

现在，美国政府已经将此变为现实。争取进步联盟(Alliance for Progress)的成员已被告知，援助只会给予已经实施了彻底的
122 土地改革并切实实施了累进税制的廉政政府。这一规定表面看似乎是受单纯的经济理论信念的启发，但毫无疑问，这一规定显然不像表面现象那么简单。

还有另一个与欠发达问题相关的论题，这个题目在理论分析中也已经做过很多讨论，这就是：适用于相同产品的不同生产方法之技术选择问题。这一领域因为两个观点相左的偏见而显得云山雾罩。一个是最时新的高档自动设备对势利顾客的吸引力问题，另一个则是对乡村手工艺品的感情诉求问题。

为了拨开迷雾找到路径，我们首先提出两个诉诸常识的简单规则。第一，只要在设备和生产方式中使用了物质，设备就不能报

废，也不会不采纳现有生产方式，使用这些设备和生产方式的劳动也找不到其他更好的用途。最优技术必定体现在新投资之中，但新设备和生产方式并不能替代旧设备和生产方式，两种设备和方式共同存在。除非所有工人都用上了最好的装备，否则旧装备总是聊胜于无。第二，因为技术可以提供就业，所以不应该对技术进行选择。使用技术的目的并不是能否统计最大就业量的问题，而是增加生产的问题。（用劳动密集技术来表述这个问题会给人以误导。手工业的优势在于节约资本，而不是使用劳动。）

还有一种真正产生疑问的情况是，与其他更多使用机器、更少使用劳动的技术相比，人均产出较低的低资本使用型技术可以使每单位投资有更多的产出，或者，投资回报速度更快。有人认为，在这种情况下，正确的政策就是挑选出具有最高盈余率的技术，这样可以对未来的积累作出最大的贡献。初看上去，这种情况似乎非常合理，因为发展是使用技术的全部目的。但如果我们仔细审视，情况就不那么明显了。一种技术产生的盈余就是超过使用技术之工人的工资价值的超额净产出。如果生产开始于一个较小的起点，盈余越多，说明产出和就业率的上升越快。更多地使用资本节约型技术，会产生更多的产出，也会支付更多的工资。正是因为这个原因，资本节约型提供的盈余也不会太多。

面对今天的困境和后天更大的困境，还是可以作出选择。考虑到收益与损失的差异，任何基于“贴现未来”所做的计算，都无法解决这个问题。如果选择了机械化程度更高，产生剩余更多的技术，那么，损失就会落在如果选择了另一种技术，他们就会有事可做的人身上，因他们的牺牲而获得的利益会随后出现，但他们可能看不到这种获利了。人们一定会作出这种或那种选择，但福利经济学的原则无助于解决这一问题。

实际上，从一般意义看，经济学理论没有什么非常要紧的话要对计划工作者说，唯一要讲的是：别听信别人说，你应该选择这个而不是选择那个，比如说选择农业，不要选择工业；选择出口，不要选择国内生产；选择轻工业，不要选择重工业。事实上你总是两者都愿意要。

不过，从细节上来看，现代经济学使用的统计学和数学方法只要将形而上学概念从自己身上彻底清洗干净，对于规划经济发展，就用处极大。

六　什么是游戏规则? 124

所有这些在公众心中一知半解、兴衰起伏、相互竞争的经济学理论中,哪些基本思想受到大众的欢迎?从这些思想中又可以推导出什么政策和规则?

1

在所有这些相互混淆的思想观念中,有一个我们很少注意且过于理所当然地认可的意识形态肿瘤,即民族主义。

经济学的本质就植根于民族主义之中。作为一个纯粹的主题,民族主义很难成为一个有价值的研究对象,自然科学中数学的美和发明的快乐,都与这种混乱且具不确定性及不规范性的主题无关。除了希望阐明政策问题之外,民族主义思想从未有所发展。但除非有一个权力机构要执行民族主义政策,同时这一权力机构就是国家机构,否则政策毫无意义可言。这一主题的本质就是以国家的口吻说事。马克思主义虽然从理论上讲具有普遍性,但在建立革命政府的时候,也必须打造一个国家模子。发展中国家则更渴求民族独立和民族尊严,而不仅仅是吃饱肚子。

讲究实际的古典经济学对此倒是直言不讳。他们反对重商主义者狭隘的民族主义,偏爱更有远见的政策,但是,他们之所以赞成自由贸易政策,不是因为自由贸易政策对全世界有利,而是因为自由贸易政策对大英帝国有利。

125 新古典经济学自称具有普适性。效用是不分国界的。埃奇沃思提出要给单位幸福加总的时候，他是提出应该把每个人都算成一个有价值的人。[①] 他并不是说每个英国人都应算是一个有价值的人。

然而，如它表现的那样，超越了阶级的效用理论反而更具民族主义性质。正如冈纳·缪尔达尔所说，[②]支持福利国家的民族团结诉求使得人类的团结更加难以实现。

新古典经济学的意识形态自称以人人受益为基础，但他们也自然而然地养成了根据国民收入和人民福祉来讨论问题的习惯。我们的国家和我们的人民真够叫人操心的。

现如今，有良心和责任感的学者如米德教授，在提出自由市场的美德之前，也会小心谨慎地说，“为了使货币体系和价格体系能公平运行，实现收入和财产的公平分配非常必要”。他还指出，不公平不仅使这一体系不公正，也使这一体系毫无效率，因此，维护这一体系的前提条件是“采用一种彻底的措施以保证还算公平的收入和财产分配”。[③] 但他一分钟也没有考虑过大英帝国公民的分配之外的其他任何公民之间的分配。他轻松自如地将公平和效率限制在我们自己的国度之内了。

新古典学派的伟大核心理论，即自由贸易理论，当它主张没有
126 哪个生产商群体可以通过实施保护主义——除了临时的、伤害他

---

① 参见本书第 67 页。

② 见《国际经济学》。

③ 《计划和价格机制》，第 35 页。

人的做法——来使自己获益时,是无懈可击的,不过,该理论自称没有哪个国家可以通过实施危害他国的保护主义使本国获益,则有点似是而非了。但经济学家并没有表明,富国有责任通过对穷国的补贴性进口,来增进世界的效用总量。

真正具有普适性的观点非常罕见。一般而言,我们知道的最接近普适性的观点是说,我们在一个普遍繁荣的世界能够比在一个悲惨世界中做得更好。看在上帝的份上,他国的繁荣虽然并不让人称心,但可以对我们的舒适生活作出贡献,如果他国的繁荣可能对我们产生威胁,那么,他国的繁荣就非常让人讨厌了。看起来这是一种本能的思维方式,正确而得当,以至于我们根本没有注意到,这实际上是一种特别的思维方式,我们从出娘胎起就这样思考,所以,我们从来就没有想过其中有什么不对。

最近,统计学的发展为民族主义意识形态输送了很多养料。我们也定期发表了诸如平均国民收入、增长率、储蓄率、生产力以及生产力增长等等数据的"排名表"。我们焦急地看着我们的排名。如果可怜的老英国排名较低(就像常常表现的那样),我们心中满是烦恼,甚或我们都想动手在统计学上掏个洞,表明这个排名不正确;又或者,我们应该指出这些可恶的外国人具有的不公平优势,正是这种不公平优势给人以具有误导性的比较。

在国际竞争的世界中,我们有非常坚实的理由渴望跟上其他贸易伙伴国生产力增长的步伐,如果因为英国成了别国廉价销售的市场而失去了自己的市场,我们最终会发现,我们无法避免削减自己消费的命运,实际国民收入的减少是很讨厌的事情。

排名表还可以用来表示具有可能性的事情,这样,一个在任何情况下都主张增加投资的观察者，就会利用这些数字把那些吵吵着说不能增加投资的反对者说得哑口无言。

127 这是对比较的合理利用。但是排名表的主要作用还在于它更简单而直接地表明想与已处于国际水平的爱炫耀的邻国比试比试的本能。

国际竞争和国家政策是促进经济发展的巨大动力。隐藏于自由放任之后的真相，是所有资本主义国家的政府都在通过推动贸易和生产来征服领土并移植制度，以帮助自己国家的公民获得优势。正如马歇尔敏锐地观察到的那样，自由贸易学说本身，实际上就是一份英国国家利益的规划书。

在国际竞争体制下，生产领域的巨大进步造成了我们今天面临的两难局面。通讯从未这么完善。各国受过教育的人从未像今天这样对别国发生兴趣。人们也从未像今天这样将贫穷视为一个世界难题。只有在今天，由于科学在医疗、节育和生产方面的应用，整个人类似乎才可能从糟糕的苦难中解救出来。

不过，以前也从来没有如此巨大的经济力量和科学研究被用于破坏性手段。我们把普遍行善学说与鼓舞着成吉思汗骑兵的爱国主义结合了起来。

正如亚当·斯密所说，“造物主，当她为社会造人时”，就赋予人以某种使其同胞愉快和某种厌于触犯其同胞的原始感情。进化会产生出一种良知，但生物学止步于部族之前。进化并不能对所有的道德问题给出答案，我们的朋友是谁？人类一定会从造物主手中承袭这个问题，但在当下还显示不出这样做的任何迹象。

全民爱国主义确实也是一种促人从善的力量，这一点在一定范围之内是相同的。全民爱国主义克服了种族和宗教团体的地方性爱国主义，构建出内部和谐。马克思主义者对爱国热情已经到了战胜阶级对立的程度感到遗憾。不过，内部睦邻关系会因为外
部侵略问题而占上风。很多在国内被认为是可耻的事情会以国家 128
利益的名义进行辩护。正如约翰逊博士所说："爱国主义是无耻之徒最后的避难所。"要发展出一种将爱国主义转变为良好行为的愿望，也就是发展出民族良心，还有很长的路要走。当然在英国，我们对民族良知问题有点小题大做，然而这个问题的存在在于每个人都将我们的国家政策归于我们的道德动机，而并不研究我们的动机真正是什么。我们可以给出一个当代的例子，当"德夫林报告"将尼亚萨兰[*]说成是"政策性国家"时，确实激起了很大的愤慨。但这种愤慨很大程度上不是因为英属殖民地应该处于一种适合这种描述的状况，而是因为所有人在使用这些描述英属殖民地的词汇时，失去了真正的感情。

作为个人来说，我们尊重某人是因为他为这个世界奉献了什么，而不是因为他从这个世界获取了什么。我们相互都很清楚（尽管不是每个人都清楚），对外声望不是内部实质内容的代用品。我们也明白，侵略是一种懦弱的表现和缺乏自信的虚张声势。但贪婪、虚荣和压迫则可以以国家的名义而被广泛接受。

实际上，当今这个时代展现出的很多国际经济善行，总是以国家利益作为正当理由。我们（尽我们所能）帮助印度，并不是因为

* 位于非洲东南部的前英属地。——译注

我们想通过让饥饿的人们饱餐一顿而增加“幸福单位”，而是因为要针对苏联保持西方的威信。当新闻报道断言，中国的饥荒已经得到了缓解的时候，我们也并未感到特别欣慰。

凯恩斯革命在自称的国际主义自由贸易学说方面有了重大突破，并有助于把真正名符其实的国际主义引入我们的思维。战后
129 的国际协议虽然受到自由贸易思想的强烈影响，但给那些具有国际支付困难的国家，那些欠发达国家留下了例外条款，这些国家可以置国际义务于不顾，优先采用国内就业政策解决国内问题。原则上，虽然这些情况很少出现，但初级产品的贸易规则还是作为政策目标为人所接受（尽管自由贸易的狂热信徒仍然反对这一政策），在我们自己的国际收支由于初级产品生产者的一贫如洗而得到改善的时候，我们至少应该认识到，这没有什么可骄傲的。

对其他国家所面临的各种问题的了解以及对伪普救论自由贸易学说的摒弃是启蒙的伟大进展，但心理不适也大为增加。没有了自由放任的安慰作用，世界范围的道德问题已迫在我们眉睫。

2

我们在大后方也再度意识到我们必须作出选择，以及为作选择而重新遭受剥夺的简单原则。从目的本身来讲，充分就业的意识形态过于空洞，很容易被人识破。投资与消费之间、或国内投资和外国投资之间、或政府投资与私人投资之间存在一种理所当然的、自然而显明的均衡关系的想法；或者，真实工资水平或利息率之间存在一种自然均衡的想法，由于这样一个事实，即公认必须要

有国家就业政策而让人产生怀疑。

无论如何,一旦愿意提供“高水平的稳定就业”思想为人所接受(先不谈高水平应该有多高,也不谈一些波动是否会动摇稳定),那么,这种就业问题再也没什么意思了。我们在这里有必要指出,只要官方持这种观点,这件事情基本无计可施。现在这里讨论的 130
是应做**什么**的问题。

新古典思想的遗产仍然具有极大的影响力,这种影响不仅在于经济学的传授,还在于它形成了一般意义上的公众舆论,或者至少为公众舆论提供了口号。但只要它谈到实际问题,就说不出什么切实的话了。新古典的近代研习者只好求助于越来越复杂的数学运算,而且不管什么人询问他们打算运算什么,他们都变得越来越不耐烦。

只要经济学说还对国家政策目标的选择有所影响,这一学说基本上就属于蒙昧主义而无所助益。

效用概念自称隐藏于“货币面纱”之后,但货币价值可以度量,**效用**却无法度量,经济学家偏爱可度量的东西就像皮匠偏爱皮革一样。

经济学家一头栽进了经济学理应防范的谬误之中。经济学的核心概念,即国民收入,就是一个矛盾体。比如说,消费在习惯上被视为消费品的出售,较高“消费”则被视同为较高的生活水平。但从普通的语词意义上说,消费的含义与满足自然欲望相关联,消费也不是发生在商品的柜台交易那一刻,而是发生在柜台交易之后或长或短的一段时期之内。这一时间维度完全被排除在数字之外。时间维度被排除在外不是因为每个人都否认时间维度的重要性，而是因为在统计学中捕获时间维度非常困难。

时尚的服装是一种纳入了非物质价值的炫耀性消遣，尽管从功利原则来看，这么多失败者的痛苦或许在价值上已经超过了少数获胜者的愉悦。但情况可能是，提供物质满足是商品的目的，耐
131 用性才是最大的好处；如果消费时间量纲随着销量的增加而减少，那将销量作为生活水平的变化尺度就是一个严重的错误。

再者，根据效用学说，商品是用来满足独立于商品而存在的欲望的。正是出于这个原因，我们拥有商品是一件美事。但绝不意味着，通过花言巧语的广告，那些拥有广告之欲望的商品就是美物。没有商品、没有欲望我们也会过得很好吗？这个问题对国民收入统计学家来说当然是一种痛苦的恼人之事。（当然，国民收入研究在适当的范围内极有价值，也就是说，国民收入作为一个商业活动的指标，在度量产出的变化和作为效率尺度的生产力变动的时候，还是很有用的。）

效用理论的最大特点是要回答亚当·斯密关于水和钻石的问题，即区分总效用中哪一部分由满足和边际效用来度量，哪一部分由价格来度量。马歇尔对消费者剩余的图形解是一种臆想，当然是一种本质上无法度量的虚假数量分析。但这一分析思想却是基于一种常识。与一种根本不存在的情况相比，有机会购买一个商品可能让消费者占了一个绝不可能用实际耗费在商品上的花销来度量的好处。然而在国民收入账户中，商品是按照其交换价值而不是按照其效用来记录的。如果不是因为政府政策受数字所表示的生活水平宣传的蛊惑的话，这个问题仅仅是哲学思考的问题；相对于免费商品而言，那些具有销售价值的商品就有了持续的系统

压力,比如说,为使未开发国家免受唯利是图者的盘剥而奋起抗争 132
会更加困难,因为卫护者一定会坚持“非经济”价值(会被认为非常愚蠢而且笨拙,且没有爱国之心),虽然是经济学家首先指出,效用才有经济价值,货币没有价值,而且,商品的效用不能以商品的价格为衡量尺度。

正统经济学仍然坚持不放的自由放任偏见也有助于歪曲真实价值。当凯恩斯(以他“温和的保守”语气)提出,提供有保障的充分就业“并不反对古典学派所作的分析,比如私人为追求私人利益将决定生产何种产品、以何种方法即何种生产要素比例来进行生产”,[①]但凯恩斯忘记了他在之前的章节中还说过,“从经验中还找不到明确的根据来表明,对社会有利的投资也是利润最大的投资”。[②] 这里他实际上是在考虑私人企业偏爱尽快获利的倾向。在我们的经济中,因为产品和服务易于兑付现款,所以也存在更为重要的偏爱产品和服务的倾向。商品可以卖给个体消费者赚钱,或者,服务也可以按每人多少钱要价,这就为企业提供了一个盈利领域。比如除非有集体性质,否则投资于城市布局不可能是一种乐事,也不可能轻轻松松地从中赚钱,而尘土和噪声这种负商品,也可以无需任何补偿就分发出去。

只要你开始对此进行思考,什么能轻松地赚到钱,什么赚不到钱就只是一个技术问题了。类似于下水道和路灯这种东西显然必不可少,因此尽管要收费,但总是要为此拿出一点点钱的,只有那

① 《通论》,第378—379页。

② 同上书,第157页。

133 些炫耀性必需品，连同像公园花坛这种对城市形象有益的传统设施，才能用这种方式来满足。

基金对于赢利性投资的考虑，很大程度上取决于过去投资的赢利状况。我们在购买一篮子商品时，我们支付了生产这一篮子商品的成本（其中包括给生产商品的设备提供资金的贷款人的回报）以及为进一步投资融资的额外一笔未分配利润。在很多情况下，商品价格也包括行政管理、社会服务和国债利息以及国防等方面开支的税款。从其经济职能来看，利润率与间接税之间的区别很不明确，或多或少都是个“负担”。两者的区别在于，在股东名义管理条件下，分红、设施或赢利性投资的经费支出，决定权在董事会手中，而在选民名义管理条件下，税费的经费支出则在市政当局和政府部门手中。除了意识形态的偏见之外，认为哪一个比哪一个更为“经济”，完全没有根据。

加尔布雷思教授对美国的情况进行了描述，他说在美国，畅销品的产出和对非实用性服务的忽视，都比我们这里更为极端：

> 对读者而言，这种对照曾经而且依然鲜明。全家开着内饰桃木、装有空调、使用动力转向和具有动力刹车功能的汽车出游，穿过路面不平、垃圾横飞、房屋破败、广告牌东扯西拉、电线在空中横七竖八的城市，到处充斥着商业艺术的乡村。（广告所推销的商品主导了我们的价值体系，作为乡村景象的审美考虑相应地退居次要位置。我们对此只能将就。）他们拿出便携式冰箱里包装精美的食物在被污染的河边野餐，然后在不符合公共卫生和行为规范的停车场过夜。他们置身于腐

> 烂垃圾的恶臭中,躺在尼龙帐篷下的充气床上,睡前可能会朦 134
> 朦胧胧地想起,自己的幸福是如此参差不齐。[①]

我们还没有到达这一阶段,但我们正朝着这个方向前进。

对就业政策的某些解读将这种情况视为当然,即私人企业投资应该总是拥有资源的最先使用权,公共投资应该用来刺激萧条的经济,因此,如果私人投资陷入低谷,"公共工程"就应该承担起投资任务,当私人投资上升时,公共投资应该再度减少。

劳合·乔治和凯恩斯将清除贫民窟和拓宽道路的工作看成一种纯粹提供工作的手段,是一个非常好的主张,因为官方的正统观点反对在这个问题上有任何作为,但现在如果我们必须等到萧条时期才来做这些工作,似乎没有很大意义。人们可能会说,私人投资有助于出口,但同时,除非有利可图的产业整体上蓬勃发展,否则出口就无法活跃起来;除非我们的产业情况转好,否则我们就无法消除贫民窟。这一观点虽然不一定令人信服,却是一种合乎逻辑的推论。但从国家的角度来看,公共投资虽然有益,但仅仅因其是公共投资,就一定不如私人投资合适的观点,根本没有什么逻辑依据,它只是自由放任意识形态的一种后遗症。

我们这里再给出一个例子。正如我们所见[②],凯恩斯主张(当他偶尔留意一下长期问题的时候),投资如果稳定地维持在充分就业水平,不久就会使资本设备的所有有效需求达到饱和,同时也会

---

① 加尔布雷思:《富裕社会》,186—187 页。

② 见本书前文,第 103 页。

使利率降低，直至为零。但凯恩斯并没有为此感到悲痛，他期待这
135 是一个文明生活时代的开端。但“庸俗凯恩斯主义者”从另一种意义上对其进行理解。他们将未来赢利性投资机会的消失转变成了“停滞理论”。停滞主义者并非对不需要进行储蓄，高工资会使利润率下降至零，而技术进步会直接减轻工作的辛苦并增加闲暇时间的前景表示欢迎，而是将其视为一种威胁。如果经济生活的目标就是提供一个赚钱的领域，这当然是一个完全合理的观点。物质欲望的满足并不利于创利。不过，这并不符合通常的说法，即私人企业制度已经证明它有能力满足人们的欲望。

实际上，就业政策不是基于任何具体的理论，而是遵循一种最容易的方法。如果需要加以限制，公共投资是最容易削减的东西；如果需要进行刺激，促进私人消费则是最让人高兴的事情。从有计划的社会福利投资观点看，情况通常就是：反正我赢定了(Heads I win and tails you lose)。

这一体制不仅因为偏向于偶然可以赢利的投资而受到扭曲，而且在这一范围内，也无法预期赢利动机能导致一个均衡的投资模式。这也是新古典经济学体系中一直存在的一个弱点。新古典经济学体系，即在自由竞争条件下，使用给定的资源产出最大满足，基本上适用于一种均衡状况。要想阐明这一学说，只能首先假设存在一个均衡，然后再表明*偏离*均衡的有害性（当然，这一学说在某种程度上也必须假设收入分配应该是什么的问题）。瓦尔拉斯有一个别出心裁的思想，他让市场上的人“大声喊出”自己的报价，直至发现均衡位置，然后再开始按均衡价格实际交易。将这种均衡概念扩展到投资，真的有些鲁莽轻率，基于这种理论体系的均

衡投资观，或许仅仅存在于完全的计划经济体制之内（如果有这种 136
体制的话）。

马歇尔鲜有这类奇思妙想，他假设存在一个一般均衡利润水平，一旦利润高于正常水平，就会引发特定企业增加投资，这样，供给的增加会使企业的产品价格下降。但在《经济学原理》第一卷中，他假设了一般均衡条件并研究了一家企业在某一时间偏离均衡的情况。但他从来没有腾出时间撰写一章解释如何才能保持一般均衡。

马歇尔自己的讨论表明一般均衡无法维持。他的讨论表明，在出现超额利润的前景下，竞争性企业将超越均衡点，但随后又会陷入一个低于正常利润的时期。这种情况产生于竞争的本质。在卖方市场中，如果市场能持续下去，每一家企业的目标都是将自己的生产能力扩展到有利可图的点，但其他企业也会做同样的事情，因此卖方市场不可能持续。就算这已经成为人们的常识，也无法阻止超越均衡点的现象出现，因为每家企业都希望自己是那个幸运儿，也就是说，在未来的买方市场使**其他企业**不复存在之时，自己还能存在。

基于同样的原因，在行业受垄断控制的地方，明智的未来计划要求要有应对需求增长的储备。产能过剩是必须避免的大麻烦。垄断力越强，企业会越加小心谨慎，如果因为一直紧跟需求而保持住卖方市场的地位，那就更好不过了。

在一个某些行业比另一些行业更容易进入市场的世界里，投
资模式会出现系统失真，系统失真是总体失衡之外某种需要用就 137
业政策来控制的东西，在任何体制里，系统失真都可能在预测错误

之外产生，可能因为某种具体影响而误导投资之后出现，凯恩斯在下面这段话中谈到过，“一国资本的积累成为赌场中的副产品时，积累工作多半是干不好的”。[①]

3

即使收入和财富的分配公平而且合理，上述所有的一切也是真实的，但在现代民主制度下，事情远不是这样。通过税收制度和社会服务这类政治渠道，我们仍然在推进我们的经济体制已经抛弃的收入分配制度。

压力具有随意性而且常常没有效果(理论上的高累进税制和现实中无效的高累退税制的差别是众所周知的)。再分配的努力既没有具体的哲学支撑，也不存在用以划定界限的任何合理标准，它只是作为政治压力转换的平衡轮，来来回回摇摆(虽然摆动不大)。

按照威克塞尔的说法，*效用*经济学家致力于在收入分配问题上弄出一个“彻底的革命性纲领”。[②] 马歇尔(某种程度上还有庇古)为使收入分配更加公平，重点对与*效用*增加相关的物质国民收入的风险进行了讨论，使理论摆脱了困境。但这一观点却遭到了凯恩斯革命的破坏。正如凯恩斯所预期的那样，如果储蓄远远超
138 过了满足私人投资的程度，那么，为了社会目的而使用储蓄不仅毫无害处，而且事实上还有益于国民收入。在自由放任条件下，如果

① 《通论》，第 159 页。

② 参见本书第 53 页。

比之即将出现的情况需要更多的储蓄,也可以通过预算盈余轻松地进行补充。

正如前文所述,[1]埃奇沃思以及他之后的许多学者,借助于以下观点摆脱了困境,即我们实际上并不清楚更大的平等会促进更多的福祉,因为每个人感知幸福的能力并不相同,因此,除非我们有一个科学的快乐测量仪,否则“每一个男人和每一个女人价值相同的原则应该谨慎使用”。[2]

多年以前,哈伯勒教授表达了这样一个观点:“我如何才能知道切断你的腿对你的伤害要比扎我一针对我的伤害更大些呢?”当时,如果他换种方式来谈论这个问题,似乎更能说明问题。

今天,这种观点已经变得相当危险,因为,尽管我们永远不可能拥有一个结果明确的快乐测量仪,但测定疼痛的科学仪器却得到了很好的发展,如果对痛感分布与收入分配的全民调查结果具有相同的偏斜度,可能会让人感到惊诧。

一旦提出这样的问题:投资于还要用广告来促销的小装饰品生产或投资于改善医疗服务,会不会对人类作出更大的贡献呢?在我看来,答案一目了然,自由放任的意识形态可以作出的最好答复就是不回答这个问题。

我们可以据理捍卫由凯恩斯的修正得以修补的我们的经济体
制。正如他所说,这一体制“是我们所见过的最好的体制”。或者 139
说,这一体制无论如何并不太坏,同时,改变会很痛苦。简而言之,

① 参见本书第 67 页。

② 《数学心理学》,第 81 页。

我们的制度是我们所有制度中最好的制度。

或者,我们可以采用熊彼特取自于马克思的讲究实际的划分法。这一制度残酷、不公平且多变,但这一制度履行承诺,能解决问题,真气人,这就是你想要的东西。

或者,我们承认这一制度的缺陷,但也出于政治原因捍卫这一制度,也就是说,正如我们所知,民主在任何其他制度下都无法成长壮大,所以没有这种制度就没有民主。

在当今这个时代,我们无法捍卫的是新古典学派微妙的自我调节机制,让它自己用这个机制来为所有人生产最大的满足吧。

但所有这些辩护言论事实上都不怎么样。为维持这种现状,为今之计,最好的办法就是搁置这些棘手的问题。

4

从普遍问题和一国政策问题到体制的内部运作问题,面对这些问题,我们首先要了解一下工业经济体的不同参与者今天所接受的游戏规则。

工会的情况如何呢?根据严格的自由放任学说,工会通常处于与垄断相提并论的位置。市场力量的自由运行可以保证每位工人获得自己的边际净产出,但是工会因为力主将工资提升至均衡水平之上而引发失业,就像垄断者使价格居高不下而限制了销售一样。

在某种意义上,凯恩斯学说中最引人注目的新奇说法(从对外
140 贸易效应中推导出来)是,全面削减工资并不会减少失业,(引用卡

列茨基的说法）实际上还会增加失业。

与此同时，“不完全竞争”已经开始风行，并使以下这种说法受到质疑，即我们可以依赖于市场力量来建立与边际产品价值相等的工资水平，所以即使是在它自己的领域里，旧的正统学说也无法保证自己的流行。

今天，人们普遍认可的是，工会并没有在这一制度中引入垄断因素，却构成了加尔布雷思教授所称的消除垄断因素的“制衡力量”[①]，这一垄断因素不可避免地存在于工资谈判中的雇主一方。与此同时，在雇主一方，至少是大企业的雇主已经学会了接受工会，总体来看，除了偶尔的扰动以外，大企业的雇主已经学会了与工会和睦共存。

然而，新的学说各有利弊。货币工资的上升趋势可以制约垄断，但如果货币工资上升太快，则对工人不利，对我们每个人也都是一件麻烦事。

高就业年份的恶性循环经验足以作为一个真理对此作出清楚的阐明。然而，关照各自下属成员的利益仍然是各个工会组织的职责所在。呼吁所有的工会组织发扬一点公德心，克制一下自己的工资要求，实际上就是呼吁工会组织背叛自己的责任。只要利润不受限制，呼吁有组织的劳工有所节制，自然会让他们心存疑惑。

在这里，新古典学说所谓每个人对自身利益的追求增进了所有人的利益，突然壮观地崩溃了。

① 见《美国资本主义》。

141 旧理论*假设*了充分就业和稳定价格。现在，历史要让它接受挑战。能够建立这样一种情境的机制在哪里？旧有的游戏规则已经过时，并需要修正。

那么，工资谈判的另一方的情况如何呢？对雇主一方来说，抵制工资要求是否是一种合适的做法？不久之前，印刷行业的停工使英国新闻界一片肃静，也扰乱了出版行业，毁掉了大批小型地方印刷厂商。后来，雇主们自己因工资大幅上涨而严重受损，却声称因保护了公众利益而有功，当然，如果他们不战就可以解决问题，他们宁愿退让一步。[①] 我们是否认同这种感恩之心？是否应该向他们的公德心表示祝贺呢？或者，我们会因生产上的损失和紧随这次争辩而来的普遍敌意而懊悔不迭？正统学说无法向我们伸出援手。

那么，价格又怎样呢？在竞争基础上建立起来的旧有理论，无法立足于内战时期的长期买方市场之中，非完全竞争理论和垄断竞争理论在其身后留下的只是一片混乱。商人的理论（被某些经济学家接受），即价格由成本决定也不再有用，也不可能对包括管理费用、折旧和“一笔公平而合理的利润”在内的成本给出定义，更不可能为任何特定商品的任何批量产出的成本给出定义。不过，我们还是可以找到企业认为收取方便并能证明价格处于合理范围之内的某些公式或费用分摊方法。

无论如何，商人的理论显然不能从字面上来理解，因为虽然有一些例外，但在成本下降之时，他们并没有显示出乐意降低价格的迹象。

---

① 见《泰晤士报》，1959 年 9 月 1 日，J. 布鲁克－亨特先生的来信。

正统理论所能告诉我们的只是,在完全竞争条件下,价格随成本下降而下降,但在寡头垄断条件下,价格很可能不随成本下降而下降。那么,这一理论会不会告诉我们,如果企业表现得就像在完全竞争市场中那样,把价格降下来,就是一件好事呢? 142 这也是科恩理事会(Cohen Council)第三份报告中所持的观点。[①] 商业评论员们略带惊异地对这种观点作出了反应。企业的正确目标肯定就是赚取利润吗? 或许有很多例子都表明,降低价格也会增加利润,但随后又指出,仅仅因为成本降低了、价格就应该下降的说法,显得非常奇怪。英国产业联合会的发言人在评论这份报告的说法时称:

> 认为工业企业应该降低价格的建议非常含糊。降低价格因此扩大需求和产出是一回事;以遏制利润或分红为目的,将价格保持在市场水平之下,是另一回事。[②]

再者,还有一个与上述情况相关的商品耐用性问题。假设一位制造商发现了一种方法,他可以不增加任何额外的成本,就能使自己的产品更加耐用。他应该为了消费者的利益而采用这种方法吗? 或者说,他更应该考虑满足消费者需求的危险和降低市场重置成本的危险? 他为什么不让他的研究人员转而寻找一种不太耐用的材料,用这种材料做一种看起来很漂亮但耗费又不太多的东西呢? 在这里,最大的收益是最有利于社会的行为的学说遇到了

① 《理事会论价格、生产力和收入》,1959 年。

② 《泰晤士报》的报导,1959 年 8 月 7 日。

一个让人难堪的障碍。

我们再问一下股息分配方针的情况如何？人性中存在一种无法解释的强烈倾向(或许我们可以在群居生活的动物本能上发现一些线索)，因为个人明白自己在任何一个群体中都只是群体的一个成员，所以个人要有爱国主义精神。

143 国家、民族、教会和城市，都会唤起人的忠诚。马克思从来没有抽出时间来撰写关于阶级的章节。按庸俗马克思主义的说法，阶级忠诚是利己主义的表现形式，但阶级忠诚并非如此，它常常要求牺牲个人的直接利益。

这种情感依恋倾向就是公立学校精神和团队士气的基础。这种精神和士气也在公司经营中发挥着很大的作用，它证明了亚当·斯密预言股份制企业之不可能性的错误，[①]也说明马歇尔对有限责任公司不可能有什么发展之断言的荒谬。[②] 这里的主要原因在于，经理人和董事会有能力让自己完全融入他们碰巧所属的那一组织之中，并像照管家族企业那样，尽最大的努力照管这一组织。

能够唤起忠诚的实体就是这类企业。股东(那些被认为是企业创办人之外的人)多少被视同为债权人，虽然有些让人不快，但也必须拿出公司的部分收入来满足他们的要求。

公司一般都会有很高的自筹资金投入比率，而且都希望时时能有新的大笔收益(不包括有董事会的大公司)。公司要支付股息，而且希望自己股票的市场价格坚挺，这不仅仅是因为他们代表

① 《国富论》，第1卷，第229页。

② 《经济学原理》，第316页。

了股东利益,而且这也是为他们服务的公司增进资本的最好方式。

至于利润分配这一问题,什么样的作为更为适当呢?有的经济学家反对自筹资金,理由是自筹资金败坏了边际理论。资本会投向碰巧可以获得盈利的地方,老企业会推行边际生产力相对较低的投资,而拥有较高边际生产力的新兴企业却无法获得融资。他们提出,更好的办法就是搞利润分配,让所有的企业都进入市
场。尽管100%的未分配利润都可以用于再投资,但一旦把钱拿 144
出来,可能适宜用于再投资的钱就只留下10%了。不过,优质的外部资金在数量上能多得足以超过如此之大的数量差吗?

管理层(大写字母的管理也是具有自己观点的一个实体)坚决反对这一学说,他们将再投资看成为利润的正当缘由。企业的目的就是追逐利润的思想被视为一种卑鄙的诽谤而受到憎恶。恰好相反:企业才是追逐利润的目的。

战时由120位企业家联署发表了一份声明,我们发现这份而今已被遗忘的声明已经提出:企业(有重要项目的企业)——

> 拥有三个方面的公共责任,企业要对消费自己产品的公众负责,要对企业雇佣的公众负责,要对那些提供资本以使企业能够运营并发展的公众负责。……指导企业行为的这些责任,就是要让企业在作为消费者的公众和作为雇员的工人职员以及作为投资者的股东之不同利益之间寻求平衡,并据此而对全民福利作出最大可能的贡献。[①]

① 《国家产业政策》,1942年。

这些话听起来有些自负和傲慢。谁给了这些伙计决定国民收入分配的权利？他们声称有什么超人的智慧可以指导他们正确地进行分配？不过，认为配置资源和分配收入的权力实际上就掌握在他们手中有一定的道理。他们需要进行平衡的利益名单其实还应该增加，首先应该增加的是董事会，其次是用一种含混而散漫的
145 方式，将企业同仁都团结起来，今天，这样做可以减轻竞争的尖锐性，企业的这种团结，就是团结他们所属的这一阶层。但是这种高尚的品格只不过是将他们自己推荐给我们的一场作秀而已。使一名经理人心系自己企业的爱国精神中有一个很重要的因素，即对美誉和良知的渴望。即使有时有些虚伪，这种虚伪(也是邪恶对美德的致敬)更多的表现为玩世不恭。人们很难认同用马克思所描绘的从工人汗水中榨取每一滴剩余的无情剥夺者的形象来看待当代资本家。

凯恩斯乐观地谈到了大企业自身走向社会化的趋势。[①] 今天，管理层(有大写字母 M 的那种)愿意将自己视为一种公共服务。

近年来，由于追逐利润的老派资本主义的奋力反击，所有这一切都深受伤害。企业属于其股东的法定拟制(legal fiction)对那些品格高尚、温文尔雅的管理层是一个打击。某些抓住旧有正统理论不放的经济学家，再次表示欢迎以赢利肯定正确为理由的公开收购人员，承认操纵融资利润，即曾经属于“企业回报”的光荣有错。那些认为支付股息是企业正当目的的人，非常欢迎向董事会施加的反股东贿赂的压力。

---

① 《劝说集》，第 314 页。

我们应该站在哪一边呢？管理层温文尔雅的公共精神是否常常是悠闲而漫长的周末聚会的幌子呢？股东地位的擢升让经理人悲观，让工会积极进取，也让我们再一次面对包裹在福利国家的舒适懵懂之中的严峻问题？

正统理论让我们陷入极大混乱的另一个问题是垄断。一般而
言，在正统学说中，垄断不是一件好事。奈特教授以抨击美国的反 146
托拉斯法而知名，他认为反托拉斯法非法干涉了个人自由，但对于大多数经济学家而言，竞争绝对可以证明自由放任的正确性；只有竞争才能使利润和资源分配达于平等，使**效用**达到最大化，也才能在一般意义上使整个学说有用。

但是，竞争确实是垄断的重要原因吗？用压低价格、拓展市场并以低于竞争对手的价格出售商品能说是好事吗？那些成功地克服了这些困难并仍然占有自己市场的企业，就是邪恶的垄断企业吗？反对限制商业行为和现在反垄断运动的主要理由，是说垄断限制竞争，并使无效率生产厂商继续经营。但如果这一运动获得成功，驱赶无效生产厂商的竞争将会创造出更多的垄断厂商。难道这是我们想要的东西吗？如果不是，那我们想要什么呢？什么才是我们的游戏规则？

5

或许所有这些说法都有些消极和有害。或许对某些人而言，这些说法甚至是在向我们推荐旧有的学说，因为这些说法并没有提出什么“比较而言更差强人意的东西”。准确地说，本书的内容

也没有提出“比较而言更差强人意的东西”。

道德问题是一个永远无法解决的矛盾。社会生活也将一直为人类提供可供选择的恶事。我们也无法制订出能让人长期满意的形而上学解决方案。经济学家提出的解决方案与其替换下来的神学家提出的解决方案一样，都让人感到困惑。

无论如何，我们不必放弃经济学迈向科学的希望，或者说，我们相信人类的启蒙并不是毫无用处。在我们迈步前进之前，我们还有必要将腐烂过时的形而上学的残渣余孽清除出去。

对于彼此争论不休的经济学家来说，首要之事就是像波普教授要求自然科学家所做的那样，“认真地尝试”，“以避免意见相左，彼此误解”，同时正确地阐释自己的理论，并向世人说，有一种意识形态我们应该与之论战而不是给予鼓励和促进，因为此种意识形态宣称，可以用货币衡量的价值是唯一应该重视的价值。

索　　引

本索引所标页码为英文本页码，
参见中文本边码

译后记

承商务印书馆朱泱先生之邀，翻译罗宾逊夫人这本《经济哲学》。之所以不揣冒昧接受这项翻译工作，是因为我自接受经济学教育以来，对罗宾逊夫人格外青睐。个中一个比较幼稚的原因在于，罗宾逊夫人是经济学史上第一位卓越的女性经济学家。在经济学这个“男性驰骋的领域”，她是当年我们这些经济学女生的偶像。能有机会把自己的名字忝附先贤之后，自是很大的荣幸。罗宾逊夫人是古典经济学的最后传人，也是自希克斯之后英国剑桥经济学派的掌门人。虽然无缘亲炙伟人的风采，但是借翻译的机会阅读她的思想，也不失为与伟人的一次近距离接触。

在经济学理论发展史上，罗宾逊夫人有过三次革命性创新，即不完全竞争理论的提出、对有效需求理论的阐释以及对正统资本理论的毁灭性抨击。当然也有人认为这些只是“一种突破”。由于“革命”是指“改变了对基本问题的思考方式”，而“突破”是指“没有颠覆传统的看法或结果，只是从另一个角度重新开始”，因此，尽管罗宾逊夫人在《不完全竞争经济学》中谦虚地认为该书只是“提供了一箱分析工具”，但因为不完全竞争“为置身于荒凉地区的人们提供了旅行指南”并填补了“垄断与竞争之间的中间地带”，而凯恩斯经济学的阐述和资本理论的争论使罗宾逊夫人确立了新剑桥学派分析方法，所以，罗宾逊夫人是“革命”，而非仅仅止步于“突破”。罗宾逊夫人本人也认为她是“对经济学教科书中的理论和模型做了一次春季大扫除。抛弃所有自相矛盾的命题，不可度量的量以及无法定义的概念，并重新建构一个分析基础”。

《经济哲学》是一次更为彻底的“春季大扫除”。

《经济哲学》出版于1962年，全书由罗宾逊夫人在英国伯明翰大学的系列讲座的讲稿整理而成。虽说罗宾逊夫人在书中使用了非技术性语言以争取更多的读者，但因为该书是从意识形态角度检讨从斯密到马克思以至新古典经济学的自由放任基本原理（罗宾逊夫人的另一本著作《经济学的异端》则从历史演变角度对相同问题进行了检讨），所以读者必须首先具有古典正统经济学和凯恩斯经济学的知识背景，才能完全读懂该书。

经济哲学是经济学最本质的部分，是经济学构建自身科学大厦的基石。如果理解了维特根斯坦的那句话：上帝准许哲学家洞悉置于每个人眼前的事物（见《文化与价值》），那么，经济哲学就是对那些无法用数学公式和统计图表来解决的经济事务和经济制度的性质所作的智性思考。由于罗宾逊夫人一直认为“任何一种经济体系都要有一组规则，一种能对经济体系进行评价的形而上学，一个存在于个人心中并迫使他遵循的道德心”，因此罗宾逊夫人的形而上学讨论由来已久，由她挑起的那场两个剑桥资本之争，实质上就是一场形而上学争论。虽然两个剑桥争论的对象是资本，但从那时以来，资本就没有再在经济学理论体系中出现过，并一直是当代经济学理论中最为无用的部分。用形而上学概念解决形而下问题的古典分析方法，也在经济学分析中失去了踪迹。贴近物理学分析的形而下分析成了当今显学。在这一过程中，罗宾逊夫人的身份日渐复杂，主流经济学家的身份逐渐模糊，非正统经济学家的形象日渐显现。

表面上看,两个剑桥之争表现为同是以古典经济学为基础的两个学派对继承和发展凯恩斯理论的争论,究其实质,却是如何进行经济学研究的问题。在罗宾逊夫人看来,凯恩斯用有效需求不足揭示了经济危机的根源。虽然有效需求不足由投资需求和消费需求不足组成,但消费需求不足是主因,引致消费需求不足的根本原因则是社会分配不公。因此,罗宾逊夫人主张从分配入手,对价值、效用以及积累和发展等进行概念式分析,以解决现实问题。萨缪尔森对凯恩斯理论的理解与罗宾逊夫人不同。萨缪尔森也认为由投资需求和消费需求不足构成的有效需求不足是经济危机的根源。但萨缪尔森是根据资本边际效率、流动偏好以及消费倾向等因素来探讨提升有效需求的途径。因此,使用政府财政政策和货币政策对现实进行干预的形而下手段,是美国剑桥的凯恩斯主题。

不同的分析方法反映了经济学家基于价值评判的不同经济分析指向。

在罗宾逊夫人眼中,“历史不断产生出新的问题,旧的(经济学)讨论马上就成了问题”。因此,经济学要采用包括过去的论证方法和观察世界的方法在内的各种方法来解释现实问题。经济学借以获得发展的第一个问题是重商主义关于国际贸易的讨论,重商主义关注的是海外贸易商人,斯密的经济学虽然从批判重商主义的国际贸易论调开始,但和李嘉图一样,捍卫的是资本家的利益;马克思则将斯密和李嘉图的论点转过来为工人辩护。到了马歇尔,基于贷款利息收入的食利阶级成了理论的主角。鉴于此,罗宾逊夫人认为古典经济学过去采用的是阶级分析方法。从魁奈开始，经济分析的基本对象就是农民、地主和手工业者，斯密只不过将这幅中世纪图景改成了由工人、资本家和地主组成的社会结构。由于三个阶级有三种不同的收入，所以总产品在他们之间的分配决定了经济的发展。斯密之后的李嘉图指出，“确定这种分配的法则是政治经济学的重要问题”。

罗宾逊夫人认为李嘉图的阶级讨论比斯密纯粹。李嘉图在《政治经济学及赋税原理》中提出：商品的价值由劳动的支出时间决定，不过商品要由资本、劳动和土地三者分配。在分配中，劳动者得到相等于满足劳动者生存所必需的生活资料的价格，即工资；资本家得到利润；地主得到地租。因此，在劳动生产率一定的条件下，如果想提升利润，就必须实行自由贸易，用进口廉价粮食的方式压低满足工人生存所必需的粮食的价格和地租。

很多人据此认为，罗宾逊夫人的分析是回归李嘉图，美国的新古典综合是回归斯密。理由很简单，罗宾逊夫人重视分配，所以她以李嘉图的分配为分析起点；新古典综合则以斯密的分工为分析起点，重点讨论分工以及专业化和自由市场经济交换的均衡。但这里有个矛盾。罗宾逊夫人一直认为“经济学缺少爱”，她的经济学不仅要反映现实问题，还要为社会送去爱。基于这种观念，罗宾逊夫人认为，斯密的经济分析“是以自然规律为依据的道德哲学，他不赞成人们之间的关系缺少人情味”，相反，“斯密在《道德情操论》中表明他非常重视道德，并且当然希望任何一个社会都有一个伦理基础”；但是，“功利主义者李嘉图认为，三个阶级之间的关系是理所当然的关系”。正统经济学承续李嘉图分析，认为对自己利益的追求必将导致社会的共同利益，因此道德问题被一笔勾销。虽然道德问题与个人利益和社会利益之间的矛盾冲突密切相关，但是既然正统经济学告诉人们，个人利益和社会利益之间没有利害冲突，那么，大家就可以心安理得地追求个人利益了。在罗宾逊夫人看来，正统经济学所谓的"看不见的手"，并不是亚当·斯密的"看不见的手"，斯密本人的学说与正统经济学的斯密理论完全不是一回事情。从经济学的人文关怀上看，与其说罗宾逊夫人回归李嘉图，不如说罗宾逊夫人回归到了真正的以道德伦理为基础的斯密理论。

但是罗宾逊夫人又不太看得上斯密对剩余产品在利润和地租之间分配的讨论，尤其不屑于斯密借原始森林中的猎人以鹿交换海狸所作的关于价格与交换的讨论。在罗宾逊看来，斯密的这个"自然价格"不太自然，应该是有了交换才有价格；有了专业化分工才有交换；有了有组织社团才有专业化分工。"自然的"技术成本根本不能脱离组织生产的社会形态而独立地决定价格。因此，斯密根据原始条件下"自然的"劳动耗费（时间）比对而产生的互利交换决定的分工，显然不符合罗宾逊夫人对"价值是一种社会现象"的认识。

价值是一种社会现象的说法充分体现出罗宾逊夫人对经济学的认识，罗宾逊夫人认为，经济学不是中性科学，经济学理论与概念受形而上学意识形态的驱动。从价值观念向效用概念的发展，就不仅仅反映出经济学从古典劳动价值论向边际效用论的演变和发展。

严格地说，新古典经济学的效用是一个循环论证且无懈可击的形而上学概念。众所周知，消费者带着收入进入市场购买效用。他们不会把全部收入都花费在一种商品上。消费者如果有理性（他们当然有理性），就会自觉不自觉地按照经济学的最大化原则，将花费在各种商品上的1元钱的边际效用（预期从购买数量的增加所获得的效用增加）和节省1元钱的预期效用的边际效用均等化，从而使自己获得最大量的总效用。理性人都这么做！

但麻烦来了。因为每种商品的边际效用会随着购买量的增加而不断下降，因而从这里推出的逻辑是：我们手中全部收入能给我们带来的边际效用（钱总是用来花费的），一定会因为我们有更多的收入而不断下降。

那么，要那么多钱有什么用？

所以马歇尔就说，“对一个富人而言，1个先令所能度量的愉悦和满足，比一个穷人要小”。按照这个逻辑往下推，平均主义最符合经济学原则，再往下推，富人们都把自己的钱转给穷人好了。正是因为如此，威克塞尔才说，“政治经济学的基本概念本身就意味着‘彻底的革命纲领’”。但是埃奇沃思不同意，他觉得“享受能力是进化的特征，是文明的根本标志”。帕累托则认为，将不同的效用加总计算，从而证明一个富人花费1元钱得到的效用小于穷人的做法没有意义。

不管有没有意义，对效用概念进行逻辑推理的结论是，如果没有更为根本的干预经济体系的手段，放任因商品分配的不公平而使商品的效用凭空消失，就证明了工会和累进税以及福利国家这类公平原则的正确性。但从另一方面看，效用的逻辑也证明了自由放任的正确性。每个人都自由地按自己的意愿花费自己的收入，一旦他将每1先令的边际效用均衡地花费在每种商品上，他就获得了最大的福利。再往下推论，对每个个人来说，唯一需要做的就是为了获取利益而自利的行为。“个人为改善自身境遇自然而然地、不断地所作的努力，就是一种保卫力量”。

于是我们又回到了斯密，但却是“与教授们所解释的斯密学说完全不同”的经济哲学，揭示的是经济学理论的意识形态内容。

虽然以罗宾逊夫人为代表的将科学哲学与经济学研究融为一体的方法成为一时之时髦，并引发了对经济学“理性经济人”研究范式的质疑与批判，但实用主义的美国经济学显然已经不耐烦这种思辨经济学。杰文斯早就说过，经济学如果是一门科学，那么，经济学一定是数理科学。萨缪尔森也认为，在牛顿时代之前，运用数学语言的科学就已经取代了希腊和罗马的经典理论。就像大爆炸之后的宇宙尘埃逐渐分离扩散形成不同的星体那样，经济学逐渐远离思辨传统，走上了唯科学至上之途，以至于很多人甚至认为经济学与其他社会科学的区别就在于经济学要使用数学方法并依靠数学模型进行“演绎”。威克塞尔针对瓦尔拉斯用数学方法证明“自由竞争能使效用最大化”的做法曾经说过，“仅仅因为使用数学公式表达了他认为当时自由贸易主义拥护者们使用普通语言无法表达的观点，就认为他已经对他们未曾注意的地方进行了严格证明，基本上是一种可悲的看法”。罗宾逊夫人却认为，虽然使用代数非常有助于问题的解决，因为X与Y之间的对称关系稳定而且和谐，但数学轻而易举就完全抹掉了“资本与劳动”的对立关系。

或许这就是罗宾逊夫人从正统变成非正统的原因。

经济学肯定需要数学，这种需要非常实际。比如说如果在企业工作，如果想要为处理企业库存制定降价策略，那么，降价能否促销？能促销的话应该降价多少？就是一个数学计算问题。比如现在有18000部手机库存，手机降价的幅度可以从1%—20%，根据对消费者的调查结果，手机价格如果从1000元降价到800元，销售量会由3000部增加到6000部。根据经济学弹性公式：(6000－3000)/(1000－800)＝15(部/元)。这就说明，价格每减少1元，可以增加销量15部。因此销售量欲达到8000部，就可以列出方程：Q＝18000－15P，代入预期销售量8000，就有8000＝18000－15P，计算得结果：P＝666.7元。所以，如果想让销售量增加到8000部，价格需要下降到666.7元。

经济学肯定需要数学，数学推理在很多方面都比思辨推理更为清晰和简单。比如我们可以使用函数方程式清楚的表述出某种现象的原因和结果。但经济学毕竟不是自然科学。作为社会科学的经济学虽获得了独立，但仍然必须紧紧扎根在哲学基础之上，就像树干只能生长在树根之上。马歇尔曾经说过，数学可以检验我们的直觉，并用来为分析结果进行速记。但随着研究的进一步深入，数学应该是个陪衬。但现在很多大学的经济系里，数学已经不是陪衬而是根本。经济学学生在毕业论文中使用数学成了一个硬性要求。比如为求证"中国的外汇储备是否过大"这样一个普通人都知道的问题，学生要动用数种计量方法，寻找出10个变量进行数理推导；比如对于"中国对外直接投资是否是由央企主导"这种没有任何疑义的问题，也可以弄出N个导数求导并且扯上洋洋数万言。统计学和数学将形而上学从经济学中清除得干干净净。

这也是罗宾逊夫人在《经济哲学》中的忧虑。

翻译工作在任何时候都是一个“痛并快乐的过程”。翻译《经济哲学》也是这样。借此机会，我要感谢朱泱先生的邀请及他为译稿所做的编辑工作。我还要感谢美国友人浦哲文先生(Jeff Book)。在翻译过程中，每当出现涉及历史文化而难以用中文表述的术语或语句，他不仅为我详细解释，而且总是从各个角度给出例句以加深我的理解。

译 者

2011年5月于北京西直门外

图书在版编目(CIP)数据

经济哲学/(英)琼·罗宾逊著;安佳译.—北京:商务印书馆,2017
(汉译世界学术名著丛书:120年纪念版:珍藏本)
ISBN 978-7-100-14173-4

Ⅰ.①经… Ⅱ.①琼… ②安… Ⅲ.①经济哲学 Ⅳ.①F0

中国版本图书馆CIP数据核字(2017)第135993号

汉译世界学术名著丛书
(120年纪念版·珍藏本)
经济哲学
〔英〕琼·罗宾逊 著
安 佳 译

商务印书馆出版
(北京王府井大街36号 邮政编码100710)
商务印书馆发行
南京爱德印刷有限公司印刷
ISBN 978-7-100-14173-4

2017年12月第1版　　开本710×1000 1/16
2017年12月第1次印刷　　印张11
定价:68.00元